Το όνομά μου είναι Ευγένιος
αλλά με φωνάζουν
Μπόμπ

Τίτλος πρωτοτύπου:
EG HEITI BLIDFINNUR EN PU MATT KALLA MIG BOBO

Από τις εκδόσεις BJARTUR, Ρέικγιαβικ, 1998

Τίτλος βιβλίου:
Το όνομά μου είναι Ευγένιος
αλλά με φωνάζουν Μπόμπο

Συγγραφέας:
Porvaldur Porsteinsson

Μετάφραση:
Ρένια Τουρκολιά-Κυδωνιέως

Διόρθωση κειμένου:
Αντωνέτα Κώτση

Εξώφυλλο:
G. Ketilsson

Ατελιέ:
Αλφάβητο Α.Ε.Β.Ε.

Εκτύπωση:
Άγγελος Ελεύθερος

Πρώτη έκδοση: Νοέμβριος 2002

ISBN 960-274-639-4

ΕΚΔΟΣΕΙΣ ΨΥΧΟΓΙΟΣ Α.Ε.
Μαυρομιχάλη 1,
106 79 Αθήνα
Τηλ.: 210/3302234-6
Telefax: 210/3302098
http://www.psichogios.gr
e-mail: psicho@otenet.gr

PSICHOGIOS PUBLICATIONS S.A.
1, Mavromichali Str.,
106 79 Athens – Greece
Tel.: 210/3302234-6
Telefax: 210/3302098
http://www.psichogios.gr
e-mail: psicho@otenet.gr

Λωτός

ΘΟΡΒΑΛΝΤΟΥΡ ΘΟΡΣΤΕΪΝΣΟΝ

Το όνομά μου είναι Ευγένιος αλλά με φωνάζουν ΜΠόΜΠΟ

Μετάφραση:
Ρένια Τουρκολιά-Κυδωνιέως

Βραβείο Ρέικγιαβικ καλύτερου παιδικού βιβλίου

ΠΡΩΤΗ ΕΚΔΟΣΗ

ΕΚΔΟΣΕΙΣ ΨΥΧΟΓΙΟΣ

Ο **ΘΟΡΒΑΛΝΤΟΥΡ ΘΟΡΣΤΕΪΝΣΟΝ** γεννήθηκε το 1960 στο Αλουρέιρι της Ισλανδίας. Είναι ο αγαπημένος συγγραφέας των παιδιών στη χώρα του. Έχει γράψει πολλά παιδικά βιβλία και θεατρικά έργα, τα οποία γνωρίζουν μεγάλη επιτυχία. Ανάμεσα στα πιο σημαντικά βιβλία του για παιδιά ξεχωρίζουν τα εξής: ΤΟ ΟΝΟΜΑ ΜΟΥ ΕΙΝΑΙ ΕΥΓΕΝΙΟΣ ΑΛΛΑ ΜΕ ΦΩΝΑΖΟΥΝ ΜΠΟΜΠΟ, το οποίο μάλιστα τιμήθηκε με το Βραβείο του Ρέικγιαβικ για το Καλύτερο Παιδικό Βιβλίο του 1998, ΕΙΣΑΙ Ο ΕΥΓΕΝΙΟΣ; ΕΧΩ ΜΗΝΥΜΑ ΓΙΑ ΣΕΝΑ, το οποίο τιμήθηκε με το Βραβείο της Ένωσης Βιβλιοπωλών για το Καλύτερο Παιδικό Βιβλίο 2000, ΓΑΝΤΙΑ ΓΙΑ ΤΟΝ ΠΑΠΠΟΥ, ΕΝΑΣ ΑΓΓΕΛΟΣ ΣΤΟ ΑΚΡΟΑΤΗΡΙΟ κ.ά. Ο Θορστέινσον ήταν υποψήφιος για το Σκανδιναβικό Παιδικό Βραβείο Λογοτεχνίας 2001 για τα δύο βιβλία με ήρωα τον Μπόμπο. Το όνομά του έχει περιληφθεί στον τιμητικό πίνακα IBBY.

Στην Άρνι Ίνγκιμπγιοργκ

Education et culture

Culture 2000

Η παρούσα έκδοση έγινε με τη συμβολή της Ευρωπαϊκής Επιτροπής

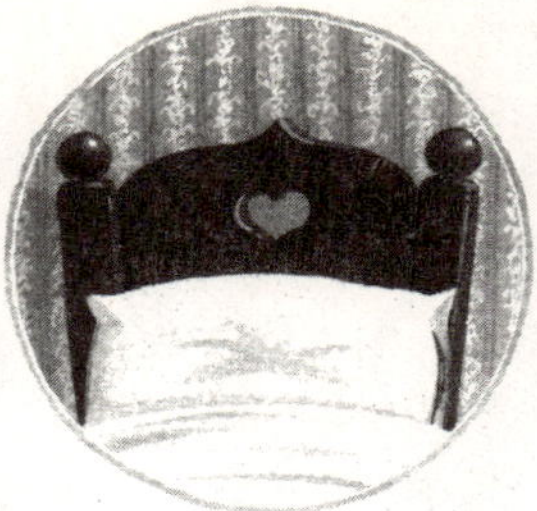

1

Ο Ευγένιος βλέπει ένα όνειρο που δεν μπορεί να ξεδιαλύνει και βρίσκει ένα άγνωστο πλάσμα στον κήπο του

Ο Ευγένιος άνοιξε τα μάτια ξαπλωμένος στο κρεβάτι του· χρειάστηκε μερικά λεπτά για να καταλάβει πως ήταν μόνος στο σπίτι και ότι όλα ήταν όπως έπρεπε να είναι.

Και όμως. Ήταν σαν κάτι να είχε συμβεί ενώ εκείνος κοιμόταν. Το ένιωθε. Κι εκείνο το όνειρο ήταν τόσο μυστηριώδες, που, ακόμα και αν δεν είχε συμβεί τίποτα, κάτι σίγουρα επρόκειτο να συμβεί.

Ονειρεύτηκε πως πετούσε με τις ντελικάτες φτερουγίτσες του προς την Κρήνη· σε μέρη όπου δεν είχε ποτέ τολμήσει να πατήσει. Πετούσε αθόρυβα ανάμεσα στα δέντρα-φύλακες, που η δουλειά τους ήταν να φυλάνε την Πηγή και που παρακολουθούσαν την κάθε του κίνηση με μάτια κόκκινα σαν αίμα μέσα στο μισόφωτο. Οι κορμοί τους έτριζαν καθώς έγερναν για να παρακολουθούν τον απρόσκλητο επισκέπτη, πρώτα μόνο ένας απ' αυτούς, μετά άλλος ένας και στο τέλος όλος ο στρατός. Ο Ευγένιος ποτέ του δεν είχε δείξει τέτοια γενναιότητα. Αυτός που ποτέ πριν δεν είχε φύγει από τη μικρή του χώρα, ήξερε ότι τώρα βρισκόταν σε μια περιοχή επικίνδυνη για μικρά πλάσματα.

Κάπου εδώ ήταν, μάλιστα, που η Κίρσα –η καλύτερή του φίλη– είχε εξαφανιστεί χωρίς να αφήσει κανένα ίχνος, εδώ και πολλά χρόνια. Και να που τώρα ο Ευγένιος πήγαινε κι αυτός προς το άγνωστο.

Τούτο το όνειρο δε θα είχε καλό τέλος.

Αντί όμως να τον αρπάξουν με τα ροζιασμένα τους δάχτυλα, τα δέντρα-φύλακες του έκαναν χώρο λυγίζοντας τα κλαδιά για να πετάξει ανάμεσά τους και, πριν καλά καλά το καταλάβει, τα μικρά του ποδαράκια ακούμπησαν στις υγρές όχθες.

Είχε φτάσει στην Πηγή.

Ένιωσε πως διψούσε και γονάτισε για να πιει. Έσκυψε πάνω στην επιφάνεια του νερού και είδε ένα φιλικό πρόσωπο να πλησιάζει με προτεταμένα τα χείλη. Ξαφνικά, η εικόνα χάθηκε και βρέθηκε βουτηγμένος σε κάτι λαμπερό, μαλακό και ζεστό που τον σκέπασε εντελώς, μέχρι που ξύπνησε πάνω στο κρεβάτι του μ' ένα τίναγμα, νιώθοντας ακόμα την ευχάριστη εκείνη αίσθηση πάνω στο ντελικάτο του δέρμα.

Τι να σήμαινε άραγε αυτό το όνειρο;

Ήξερε ότι ο γρηγορότερος τρόπος για να το μάθει αυτό ήταν να πάει να ρωτήσει το Σοφό στη βελανιδιά· αλλά ήταν ακόμα πολύ πρωί για να τον ξυπνήσει, καθώς τα αστέρια τρεμόπαιζαν ακόμα στον ουρανό πάνω από τις κορφές των δέντρων.

Ο Ευγένιος ανάσανε βαθιά· αφουγκράστηκε με

απόλαυση την ψιθυριστή ανάσα του. Έπειτα δεν μπορούσε να κρατηθεί άλλο και σηκώθηκε από το κρεβάτι. Τέντωσε προσεκτικά τις φτερούγες του, που ήταν διπλωμένες στην πλάτη του όλη νύχτα. Ήταν σχεδόν διάφανες, με ένα μεταξένιο αστραφτερό χνούδι από πάνω αλλά ενισχυμένες από κάτω με σφιχτοπλεγμένο ιστό σαν ατσάλι. Όταν ο Ευγένιος ένιωσε ότι οι φτερουγίτσες του είχαν ξυπνήσει για τα καλά και πως ήταν στη σωστή τους θέση, ανακλαδίστηκε μ' όλο του το σώμα, μέχρι που το αισθάνθηκε μαλακό και σαν καινούριο.

Όταν πέρασε δίπλα από το μεγάλο κρεβάτι όπου κάποτε κοιμόνταν ο πατέρας και η μητέρα του κάτω από το μαγικό δίχτυ, περπάτησε στις μύτες των ποδιών του λες και οι γονείς του κοιμόνταν ακόμα εκεί. Έσκυψε πάνω από το νεροβάρελο για να πλυθεί και τότε ξαναθυμήθηκε το όνειρο που είχε δει. Ένιωσε περίεργα. Τι να είχε συμβεί ενώ κοιμόταν; Έκανε μια στάση στο διάδρομο μέχρι να στεγνώσει και έπειτα, πολύ προσεκτικά, άρχισε να μυρίζει τον πρωινό αέρα.

Η μυτίτσα του τρεμούλιαζε απαλά καθώς κατόπτευε ανάμεσα από τα δέντρα. Ύστερα φόρεσε τα γυαλιά του, που ήταν στρογγυλά με τρομερά χοντρούς φακούς. Ίσως να έβλεπε καλύτερα τώρα.

Ο ήλιος έστελνε τις πρώτες του αχτίδες μέσα στο δάσος και η πρωινή δροσούλα απλωνόταν παντού. Ο Ευγένιος, με μάτια που έλαμπαν πίσω από τους φακούς, λοξοκοίταξε ψηλά προς τη μεγάλη βελανιδιά και αναρωτήθηκε τι να έκαναν οι ένοικοί της. Η βελανιδιά ορθωνόταν μεγαλόπρεπη και σιωπηλή μέσα στην πρωινή ομίχλη. Ήταν ολοφάνερο πως ο Σοφός δεν είχε ξυπνήσει ακόμη. Είχε ξαγρυπνήσει μέχρι πολύ αργά πάνω στα Κλαδιά της Γνώσης και αφουγκραζόταν, σκεφτόταν και παρατηρούσε τα πάντα. Την ώρα που ο Ευγένιος πήγαινε για ύπνο, τον είχε δει από το παράθυρό του να διαγράφεται όπως μια μυστηριώδης σκιά με φόντο τη λάμψη του νυχτερινού ουρανού.

Γι' άλλη μια φορά, ο Ευγένιος ένιωθε το περίεργο συναίσθημα ότι κάτι σήμερα ήταν διαφορετικό σε σχέση με τις άλλες μέρες. Χωρίς να ξέρει τι ήταν αυτό. Λες και οι μύγες διέδιδαν ζουζουνίζοντας φρέσκα νέα η μια στην άλλη καθώς καλημερίζονταν ακουμπώντας τις μύτες τους. Μια καινούρια μυρωδιά πλανιόταν στον αέρα και ξάφνου μερικοί Νυχτερίτες πέταξαν από την άλλη μεριά του σπιτιού. Κάτι τους είχε τρομάξει και τους είχε κάνει να εγκαταλείψουν τις κρυψώνες τους. Λες να υπήρχαν τίποτε απρόσκλητοι επισκέπτες;

Το μόνο που μπορούσε να κάνει ήταν να πάει να ρίξει μια ματιά.

Η καρδιά του Ευγένιου χτυπούσε ξέφρενα στο στήθος του όταν κρυφοκοίταξε από τη γωνία και μπήκε στον πίσω κήπο.

Κάτι υπήρχε καθισμένο εκεί πέρα, που τον κοίταζε στον πρωινό ήλιο, κάτι που δεν είχε ξαναδεί ποτέ του, κι όμως του ήταν τόσο οικείο. Είχε ένα κεφάλι και χέρια, ακριβώς όπως και ο ίδιος. Μόνο που ήταν λιγάκι διαφορετικό. Και κοιτούσε τον Ευγένιο τόσο... τόσο... καλοσυνάτα. Ναι, αυτό ήταν, αυτή η έκφραση είχε τόση ζεστασιά! Και αθωότητα. Ένα χαμογελαστό, όμορφο πρόσωπο. Και τώρα του γελούσε.

Ο Ευγένιος δεν κρατήθηκε· γέλασε κι αυτός καθώς το πλησίαζε. Πλάκα είχε. Δεν είχε ιδέα τι ήταν, ήξερε μόνο ότι ήταν κάτι καλό.

— Γεια χαρούλα, είπε και το χαιρέτησε από μακριά, γιατί δεν ήξερε τι άλλο να πει.

Το πλασματάκι τού έστειλε ένα ακτινοβόλο χαμόγελο και κουνήθηκε μπρος-πίσω εκεί που καθόταν πάνω στο χορτάρι.

— Το όνομά μου είναι Ευγένιος, είπε και πήγε λίγο πιο κοντά.

— Μπο... μπο..., πρόφερε το πλάσμα και τσίριξε από χαρά δείχνοντας τον Ευγένιο.

— Όοοχι... Ευγένιος, είπε ο Ευγένιος όσο πιο καθαρά μπορούσε.

— Μπο... μπο..., ξαναείπε με απέραντη γλυκύτητα το πλασματάκι και άπλωσε και τα δυο του χεράκια προς το μέρος του Ευγένιου. Κι εκείνος κοίταξε βαθιά μέσα σ' αυτά τα ολοκάθαρα μάτια.

— Εντάξει, μπορείς να με λες Μπόμπο αν θες, είπε και αγκάλιασε το πλασματάκι.

2

Ποια ήταν η γνώμη του Σοφού γι' αυτό που βρέθηκε στον κήπο και οι προφητείες του για άσχημο τέλος σ' όλα αυτά

Κάποια στιγμή ο Ευγένιος ξύπνησε το Σοφό, που σύρθηκε μισοκοιμισμένος έξω στο κλαδί του και κρατήθηκε γερά πάνω του. Για το Σοφό ήταν αρκετό να κρατιέται πάνω στο κλαδί του, γιατί οι φτερούγες του είχαν πάψει εδώ και καιρό να του είναι χρήσιμες και κρέμονταν σαν ξεραμένο δέρμα πάνω στην πλάτη του. Πήγε, λοιπόν, και κάθισε στη μασχάλη του κλαδιού, όπου ήταν ασφαλής. Στη συνέχεια άρχισε να παρακολουθεί το πλάσμα που μπουσούλαγε γύρω γύρω στο χορτάρι και κυνηγούσε τις μύγες, κοιτώντας πότε πότε προς τα πάνω με τα μάτια μισόκλειστα, επειδή ο ήλιος ήταν πολύ δυνατός.

Για αρκετή ώρα ο Σοφός δεν είπε τίποτα. Ο Ευγένιος αλαφροπετούσε σιωπηλά δίπλα του, όλο προσμονή. Ίσως να ήταν ένα ξωτικό. Ποτέ του δεν είχε ξαναδεί κάτι τέτοιο. Αλλά το πλάσμα ήταν μάλλον πολύ μικρό για να είναι ξωτικό, όπως συμπέραινε από περιγραφές που είχε ακούσει για τα ξωτικά. Ή μήπως ήταν κανένα καλικαντζαράκι; Μπα, μάλλον όχι, γιατί τα καλικαντζαράκια τα ήξερε για σκέτα πειραχτήρια. Εκτός αν ήταν κάποιο ζωάκι. Μπας και ήταν ένα κατοικίδιο ζωάκι που μιλάει;

Πάντως, έλπιζε να είναι κάτι που ήξερε να παίζει. Αν και ήταν ευτυχισμένος έτσι όπως ζούσε στο δάσος, ο Ευγένιος δεν μπορούσε να αρνηθεί ότι από τότε που εξαφανίστηκε η Κίρσα λαχταρούσε ένα φίλο. Εκείνη ήταν η καλύτερή του φίλη και μαζί εξερευνούσαν τον κόσμο γύρω από το σπίτι και το Λόφο όταν ήταν μικροί. Αλλά η Κίρσα ήθελε πάντα να πηγαίνει πιο μακριά απ' όσο ήθελε ο Ευγένιος· για περισσότερες εξερευνήσεις. Ώσπου μια μέρα δεν ξαναγύρισε από τη βόλτα της. Έλεγαν ότι της είχε ανατεθεί μια σπουδαία αποστολή για λογαριασμό της Ενέργειας και πως την είχαν κάνει να ξεχάσει την προηγούμενη ζωή της.

Ο Ευγένιος δεν μπορούσε να πιστέψει αυτή την ιστορία.

Αλλά, όταν η Ενέργεια κάλεσε τη μητέρα και τον πατέρα του στον Κόσμο του Φωτός, δεν έμεινε κανείς άλλος γύρω του εκτός από το Σοφό. Εκείνος ζούσε στο δέντρο του από πολύ παλιά, όσο παλιά θυμόταν ο Ευγένιος, και έκανε πάντα μεγαλεπήβολες σκέψεις, όμως δεν ήξερε να παίζει.

Το πιο κοντινό πράγμα σε φίλο που είχε ο Ευγένιος ήταν ο Κουρελής, η πάνινη κούκλα της Κίρσα. Αυτή μόνο βρήκανε στο ξέφωτο, εκεί που χάθηκε η

Κίρσα. Και ο Κουρελής είχε πραγματικά κατακουρελιαστεί όταν οι Τριζοδόντηδες του άνοιξαν μ' ένα δάγκωμα μια τρύπα στο στήθος. Αυτό όμως δεν τον εμπόδισε να παραμείνει φίλος πιστός.

Ο Ευγένιος είχε μόνο λίγους φίλους ακόμη, γιατί ποτέ δεν περιπλανιόταν μακρύτερα από τον κήπο του σπιτιού του, εκτός από τις φορές που πήγαινε στο ύψωμα πάνω στο Λόφο. Ήξερε, βέβαια, ότι οι γονείς του δε βρίσκονταν στο ύψωμα αλλά στον Κόσμο του Φωτός. Πάντως, εκείνος πάνω στο ύψωμα ένιωθε ότι μπορούσε να επικοινωνήσει στ' αλήθεια μαζί τους. Καθόταν σε μια πέτρα που υπήρχε στην κορφή του και ψιθύριζε «Ήρθα» και τότε καταλάβαινε πως εκείνοι ήταν κοντά του. Όταν ένιωθε χαρούμενος, όπως συνέβαινε τον περισσότερο καιρό, καταλάβαινε ότι κι εκείνοι ένιωθαν χαρούμενοι· όταν ήταν λυπημένος, όπως σίγουρα ήταν κάποια στιγμή αργότερα, ένιωθε να τον χαϊδεύουν απαλά στο μάγουλο, όπως έκαναν πάντα τότε που βρίσκονταν ακόμα κοντά του.

— Λοιπόν, Ευγένιε, ψιθύρισε ξαφνικά ο Σοφός, απ' όσο μπορώ να καταλάβω, τούτο εδώ που βρήκες είναι παιδί. Έτριψε το γέρικο πρόσωπό του, έδιωξε μια μύγα από το τριχωτό του αυτί και έσκυψε να δει από πιο κοντά. Ναι, ναι. Είναι οπωσδήποτε παιδί.

Ο Ευγένιος δεν καταλάβαινε τίποτα, αν και η λέξη ηχούσε ευχάριστα.

— Παιδί; Τι θα πει «παιδί»;

— Α δεν ξέρω, απάντησε ο Σοφός. Πάντως, σύμφωνα με τους αρχαίους μύθους, ένα παιδί είναι περίπου όπως τούτο δω. Είναι το πρώτο παιδί που βλέπω και γω..., είπε ολοφάνερα ταραγμένος και συγκινμένος. (Οπ! Να τονίσουμε, για να αποφύγουμε τυχόν παρεξηγήσεις, ότι ο Σοφός δε συγκινείται ποτέ, παρά μόνο όπως ένας αληθινός Σοφός, δηλαδή με καθαρά ακαδημαϊκό τρόπο.) Και ο μύθος λέει ότι ένα παιδί σαν κι αυτό θα εμφανιστεί μια μέρα χωρίς καμιά προειδοποίηση και θα μείνει μέχρι να..., είπε και σταμάτησε.

— Μέχρι να τι; τον ρώτησε ο Ευγένιος κάπως ανήσυχος.

— Να... μέχρι... να φύγει πάλι.

— Και θα πάει πού; Ο Ευγένιος δεν μπορούσε να κρύψει την απογοήτευσή του.

— Κανείς δεν ξέρει. Πάντως, δε θα ξαναγυρίσει πίσω.

— Και εσύ πώς είσαι τόσο σίγουρος γι' αυτό, ε; διαμαρτυρήθηκε ο Ευγένιος.

— Υπάρχουν ένα σωρό παλιές ιστορίες που μιλάνε για παιδιά που έμειναν χρόνια στο δάσος και δημιούργησαν συναισθηματικούς δεσμούς με τους κατοίκους του δάσους· και όλες αυτές οι ιστορίες έχουν το ίδιο τέλος.

— Με το παιδί να φεύγει δηλαδή; ρώτησε διστακτικά ο Ευγένιος.

— Ακριβώς. Με το παιδί να φεύγει, είπε ο Σοφός και έξυσε τη μύτη του.

— Κι εγώ σου λέω πως τούτο το παιδί δεν πρόκειται να φύγει, ψιθύρισε ο Ευγένιος.

Ο Σοφός δεν είπε τίποτα.

— Αλλά, και αν ακόμα φύγει, είμαι σίγουρος ότι θα ξαναγυρίσει.

Ο Σοφός αναστέναξε.

— Αυτό θα το δούμε, είπε και ετοιμάστηκε να ξαναχωθεί στο σπίτι του. Η συζήτηση κατάντούσε μελό.

— Μπόμπο, έλα! ακούστηκε μια φωνή από τον κήπο.

— Να, ορίστε, το ακούς; είπε θριαμβευτικά ο Ευγένιος. Κανείς δεν πρόκειται να πάει πουθενά, άκου με που σου λέω. Και έκανε μια τόσο αστεία τούμπα καθώς πετούσε προς το Παιδί, που εκείνο έπεσε ανάσκελα από τα γέλια.

Όμως, στη σκιά πίσω από το γέρικο έλατο στεκόταν ένα σκοτεινό πλάσμα· κοίταζε τον Ευγένιο να αγκαλιάζει το φίλο του και να φιλάει το απαλό μαγουλάκι του Παιδιού...

3

Πώς πέρασαν τα χρόνια με παιχνίδια και χαρές και πώς εμφανίστηκε ξαφνικά ο Τοσοδούλης από την περικοκλάδα στην καγκελόπορτα

Ακολούθησαν υπέροχες, καταπληκτικές μέρες για τον Ευγένιο και το Παιδί. Ατέλειωτο παιχνίδι όλη μέρα, κάθε μέρα, και οι μήνες περνούσαν χωρίς τίποτα να σκιάζει την ευτυχία τους.

Ακόμα και ο Σοφός από τη βελανιδιά του κρυφοκοίταζε τα δυο φιλαράκια – μάλιστα, καμιά φορά ξεχνιόταν τόσο, που απ' τον ενθουσιασμό του κόντευε να πέσει κάτω από το κλαδί. Βέβαια, ποτέ δε θέλησε να το παραδεχτεί. Βλέπετε, είχε τη γνώμη πως αυτός και το κλαδί του ήταν ανώτεροι από κάθε ανεμελιά και ψυχαγωγία.

Οι δυο φίλοι έκαναν μαζί εξερευνήσεις στον κήπο, ψάχνοντας για λουλούδια και νεραϊδούλες που πετούσαν ανάμεσα στα λουλούδια. Το Παιδί καθόταν και παρακολουθούσε με τις ώρες τον Ευγένιο να πετάει με τις όμορφες φτερουγίτσες του, που στραφτάλιζαν στον ήλιο. Όμως, ποτέ δεν ξέφευγαν από τα όρια του κήπου όταν έβγαιναν για παιχνίδι· εκτός από μία φορά, την Κυριακή, που ο Ευγένιος οδήγησε το Παιδί στο ύψωμα πάνω στο Λόφο για να μιλήσει με τον πατέρα και τη μητέρα του. Δεν μπορούσε, βλέπετε, να πετάει κουβαλώντας κάτι πάνω του. Οι φτερούγες του ήταν πολύ αδύναμες. Ο Ευγένιος άφησε το Παιδί να καθίσει πάνω στο βράχο δίπλα του. Ποτέ δεν πήγαν όμως πιο μακριά.

Τρία χρόνια πέρασαν από τότε που είχε εμφανιστεί το Παιδί, όταν μια μέρα εκείνο σύρθηκε για πρώτη φορά μέχρι την κατηφοριά πέρα από το ύψωμα:

— Μπόμπο, πότε θα πάμε στο δάσος;

— Εεεε... όχι τώρα, τραύλισε ο Ευγένιος, νιώθοντας να παραλύουν οι φτερούγες του και να λυγίζουν τα γόνατά του από φόβο στη σκέψη του δάσους. Ήξερε ότι κάποτε θα 'ρχόταν μια μέρα που το Παιδί θα τον ρωτούσε για το δάσος. Ίσως να πάμε κάποια μέρα αργότερα, πρόσθεσε λέγοντας ψέματα.

Βαθιά μέσα του ήξερε ότι εκείνος ποτέ δε θα έφευγε μακριά από κει. Ένιωθε πολύ καλά στο μικρό του κόσμο. Άπειροι κίνδυνοι και πολλές κακές παρέες παραφύλαγαν έξω από αυτόν. Άσε που εκεί πέρα συνέβαιναν συνέχεια τόσο παράξενα πράγματα, που καλύτερα ήταν να τα ξέρει μόνο σαν παραμύθια ή όνειρα. Εδώ όμως, στον κόσμο το δικό του, η ζωή κυλούσε απλά και ίδια κάθε μέρα, με παιχνίδια και ευχάριστες δουλίτσες, όπως το να φτιάχνεις τηγανίτες και να πίνεις υγιεινούς και θρεπτικούς χυμούς και ζεστή σοκολάτα. Άλλωστε, ο Ευγένιος δεν είχε ξεχάσει την απαίσια προφητεία του Σοφού. Μπορούσε στ' αλήθεια κάτι να συμβεί που να έκανε το Παιδί να φύγει μακριά του, και αυτό δεν άντεχε ούτε να το σκέφτεται. Γιατί ήταν σίγουρος ότι, αν γινόταν ποτέ κάτι τέτοιο, δε θα άξιζε πια να ζει.

— Εγώ όμως, Μπόμπο, θέλω να πάω τώρα! είπε ανυπόμονα το Παιδί. Να, κοίτα πίσω από εκείνο το δέντρο. Πίσω από εκείνο το μεγάλο δέντρο στο δάσος. Κάτι κρύβεται εκεί από πίσω! Και το Παιδί χαιρέτησε το άγνωστο κουνώντας το χέρι. Αστείο που είναι, ε, Μπόμπο;

— Πάμε σπίτι να πιούμε μια ζεστή σοκολάτα, είπε αποφασιστικά ο Ευγένιος, προσπαθώντας να μη φανεί ότι έτρεμε η φωνή του όταν είδε το Παιδί να πηγαίνει τόσο κοντά στην κατηφοριά. Και άρπαξε τόσο απότομα και δυνατά το Παιδί από το χέρι για να το οδηγήσει στο σπίτι από το Λόφο, που το καημένο έπρεπε να τρέχει για να τον προφτάσει.

Καθώς περνούσαν δίπλα από την περικοκλάδα που είχε τυλιχτεί ολόγυρα στο άγαλμα που φύλαγε την καγκελόπορτα, μια βραχνή φωνή ψιθύρισε:

— Πάντα μόνος, χωρίς κανέναν για να παίζει.

— Ποιος μίλησε; ρώτησε το Παιδί, ξέφυγε από το χέρι του Ευγένιου και πήγε να χώσει τη μύτη του στα μπερδεμένα κλαδιά του φυτού.

— Πρόσεχε! φώναξε ο Ευγένιος, που αυτή τη φορά δεν έκανε καμιά προσπάθεια να κρύψει το φόβο του. Μπορεί να είναι καμιά αλογόμυγα... ή κάποιο δηλητηριώδες σκαθάρι! Ή, ακόμα, ένα μαγεμένο...

— Πφφφ! Όλο απειλές και τρομοκρατία! είπε η

φωνή από την περικοκλάδα και ένα κεφάλι εμφανίστηκε ανάμεσα στα λουλούδια και κρυφοκοίταξε τριγύρω.

Το Παιδί πήδησε προς τα πίσω κι έπειτα έσκασε στα γέλια. Ο Ευγένιος ήταν έτοιμος να το βάλει στα πόδια, αλλά, όταν είδε ποιος είχε μιλήσει, δεν μπόρεσε να μη χαμογελάσει κι εκείνος. Αμέσως αγάπησε το μικρούτσικο εκείνο πλασματάκι.

— Χμμμ... Ούτε λέξη. Καλώς. Δε χρειάζεται άλλωστε, μουρμούρισε το πλάσμα από το αναρριχώμενο φυτό καθώς πήδησε πάνω στον ώμο του Ευγένιου και συστήθηκε. Τοσοδούλης, καλή σας ημέρα.

— Αυτός είναι ο Μπόμπος, είπε το Παιδί.

— Τοσοδούλης, είπε ο Τοσοδούλης.

— Και αυτό είναι το Παιδί, είπε ο Ευγένιος.

— Τοσοδούλης, είπε ο Τοσοδούλης.

Κι έτσι, όλα τακτοποιήθηκαν και ο Ευγένιος σκέφτηκε πάλι να φτιάξει ζεστή σοκολάτα για το Παιδί, αλλά και για το νέο ένοικο της περικοκλάδας.

4

Εδώ θα διαβάσεις για ένα από τα πιο τρομερά γεγονότα αυτής της ιστορίας, γι' αυτό καλύτερα να έχεις δίπλα σου κάποιον πάνω στον οποίο μπορείς να βασίζεσαι

Πέρασαν άλλα δύο χρόνια ξεγνοιασιάς. Το Παιδί μεγάλωνε και χαιρόταν κάθε μέρα και περισσότερο να συμμετέχει στις περιπέτειες του Μπόμπου, του Τοσοδούλη και του Κουρελή. Λες και η μαγεία αυτής της περιόδου μεγάλωνε μέρα τη μέρα, γινόταν πιο πλούσια με κάθε καινούρια λέξη που μάθαινε, με κάθε καινούρια σκέψη που έκανε, με κάθε καινούρια εμπειρία. Ήταν μέρες ανακαλύψεων και αναπάντεχων γεγονότων και τίποτα δε φαινόταν ότι μπορούσε να σκιάσει και να καταστρέψει τις περιπέτειες αυτές.

Κι όμως, ήρθε εκείνη η μέρα. Η μέρα που άλλαξε τα πάντα.

Στην αρχή όλα ήταν απλά, όπως πάντα. Μετά το πρωινό ο Τοσοδούλης πήγε στους φίλους του για να παίξουν και, πριν το καταλάβουν, έφτασε το μεσημέρι. Τότε ο Ευγένιος μαγείρεψε την αγαπημένη σούπα του Παιδιού: σούπα από γλυκό ραβέντι. Μια και ήταν Κυριακή, μετά το μεσημεριανό το Παιδί τον ακολούθησε πάνω στο Λόφο, ενώ ο Τοσοδούλης τούς αποχαιρέτησε λέγοντάς τους να μην αργήσουν να γυρίσουν για το κυριακάτικο μπάνιο του μέσα στο φλιτζάνι του τσαγιού.

Ο Ευγένιος καθόταν στο ύψωμα περισσότερο από μία ώρα μιλώντας στους γονείς του, ενώ το Παιδί διασκέδαζε πετώντας κουκουνάρια κάτω από την πλαγιά, κυνηγώντας ονειροπεταλούδες και Μπισκοτάκια που ξεφώνιζαν. (Τα Μπισκοτάκια είναι μικρούτσικα πλάσματα που ζούνε στο δάσος και τρέχουνε συνέχεια να ξεφύγουν για να μην τα φάνε. Είναι τόσο γλυκούλια...) Ο Ευγένιος, στο μεταξύ, πρόσεχε τον Κουρελή. Αλλά ήρθε η ώρα που έπρεπε να γυρίσουν σπίτι για να ζεστάνουν την κυριακάτικη σοκολάτα τους.

Συγχρόνως, ο Ευγένιος παρακολουθούσε το Παιδί, που έτρεχε πέρα-δώθε στο Λόφο, μούσκεμα στον ιδρώτα, και σκέφτηκε πόσο απέραντα το αγαπούσε: ήταν ο καλύτερος φίλος που είχε ποτέ. Ήταν σίγουρος ότι ο πατέρας και η μητέρα του είχαν στείλει το Παιδί για να μην αισθάνεται μόνος του. Αυτά σκεφτόταν ενώ καθόταν με τον Κουρελή πάνω στο ύψωμα, κοιτάζοντας το φιλαράκι του να παίζει.

Ξαφνικά το Παιδί σταμάτησε να τρέχει και κοίταξε προς το μέρος του Ευγένιου. Εκείνος νόμισε πως θα του έλεγε κάτι αστείο. Τον κοίταζε με τόσο παράξενο βλέμμα... Λες και δεν μπορούσε να τον δει.

— Τι παιχνίδι παίζεις, καλέ; ρώτησε ο Ευγένιος και γέλασε. Ήταν τόσο αστείο όταν το Παιδί σκαρφιζόταν καινούρια παιχνίδια. Δε θα μου πεις; Όμως, το Παιδί κοίταζε σαν να μην μπορούσε ούτε να τον ακούσει.

Εκείνη τη στιγμή ο Ευγένιος είχε ένα τρομερό προαίσθημα, που το είχε ξανανιώσει μόνο μια φορά: τότε, τη μέρα που εξαφανίστηκε η Κίρσα μέσα στο δάσος. Πετάχτηκε όρθιος και πήγε τρέχοντας κοντά στο Παιδί, γιατί καταλάβαινε τώρα ότι κάτι δεν πήγαινε καλά. Το Παιδί δεν είπε τίποτα, φαινόταν μόνο να ψάχνει κάτι.

— Μπόμπο; ψιθύρισε και η φωνούλα του ακούστηκε φοβερά αδύναμη· και μακρινή.

— Εδώ είμαι! φώναξε ο Ευγένιος φτάνοντας κοντά στο φίλο του με απλωμένα τα χέρια. Όμως, εκεί, μπροστά στα ίδια του τα μάτια, το Παιδί εξαφανίστηκε, έτσι τα χέρια του έπιασαν σκέτο αέρα. Το Παιδί, που πριν από ένα λεπτό έπαιζε ανέμελο, είχε χαθεί από τα μάτια του. Ο Ευγένιος έτρεξε παντού, σ' όλο το Λόφο, γύριζε πέρα-δώθε φωνάζοντάς το. Έκλαιγε και φώναζε το Παιδί και έψαξε πάλι παντού και το φώναζε μέχρι που βράχνιασε τόσο, που το μόνο που ακουγόταν ήταν το κλαψούρισμα ενός μικρού πλάσματος που είχε χάσει ό,τι αγαπούσε περισσότερο στη ζωή του. Έπειτα απλώθηκε σιωπή παντού, ώσπου ανάμεσα από τα σκοτεινά δέντρα άρχισε να ακούγεται το θλιμμένο τραγούδι της απογευματινής αύρας.

Ο Ευγένιος στεκόταν μοναχός πάνω στο Λόφο, κρατούσε στα χέρια του τον Κουρελή, που ήταν μούσκεμα από τα δάκρυα, και ένιωθε ότι είχε αρχίσει να κρυώνει. Έκανε ψύχρα. Ο ήλιος είχε κρυφτεί πίσω από ένα σύννεφο, για να μη δει κανείς ότι έκλαιγε κι εκείνος.

Έπειτα άρχισε να βρέχει.

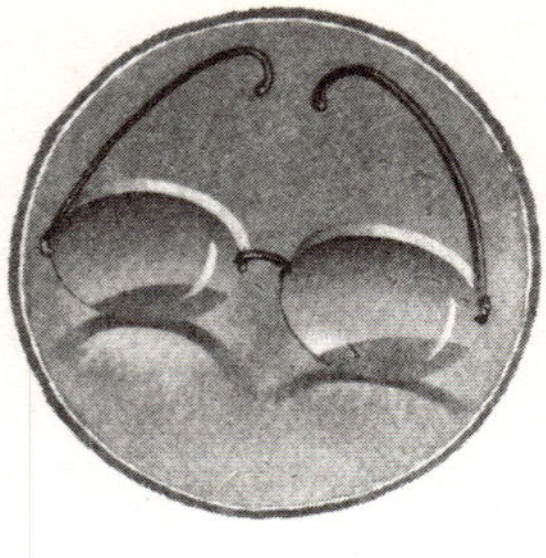

5

Ο Ευγένιος παίρνει μια σημαντική απόφαση και κάποιος σκαλίζει τον Κουρελή, που έμεινε ξεχασμένος πάνω στο ύψωμα

Ο Ευγένιος δεν έκλεισε μάτι εκείνη τη νύχτα. Αφού έψαξε παντού σ' όλο το Λόφο, επέστρεψε με βαρύ βήμα στο σπίτι, εξαντλημένος και μούσκεμα από τη βροχή. Ο Σοφός ροχάλιζε ήδη μέσα στη βελανιδιά του και οι Νυχτερίτες βρίσκονταν στο δικό τους κόσμο, πίσω από το σπίτι. Ο Τοσοδούλης είχε γυρίσει κι αυτός στο σπίτι του από ώρα και ο Κουρελής, μουλιασμένος από το νερό, καθόταν ήσυχος μέσα στην τσάντα. Ο Ευγένιος ήταν μόνος του. Δεν είχε καθόλου όρεξη να φάει, άναψε όμως φωτιά στο τζάκι για να στεγνώσει τα ρούχα του και να νιώσει τη ζεστασιά της φωτιάς να απλώνεται μέσα του. Τέντωσε τις φτερούγες του για να μη στεγνώσουν τσαλακωμένες, πήγε στο παράθυρο και άρχισε να κοιτάει προσεκτικά ένα γύρω.

Η νύχτα πέρασε χωρίς να συμβεί τίποτε. Μια φορά μόνο νόμισε πως είδε κάτι να κουνιέται στον κήπο. Πήδησε αμέσως έξω και φώναξε το Παιδί, αλλά του αποκρίθηκε μόνο το δάσος με την ηχτή νυχτερινή σιγαλιά του. Όμως, ο Ευγένιος δεν μπορούσε να δει το σκοτεινό πλάσμα που τον παρακολουθούσε με συμπάθεια από την άλλη πλευρά των θάμνων και που ήξερε τόσο πολλά για το Παιδί...

Όταν ο ήλιος έστειλε τις πρωινές του αχτίδες μέσα από το δάσος στο σαλονάκι του Ευγένιου, εκείνος στεκόταν ακόμα στο παράθυρο, περιμένοντας. Στο τέλος σηκώθηκε κι έφυγε από το σπίτι.

Όταν ο Τοσοδούλης πήγε να τον δει, πριν από το μεσημέρι, τον βρήκε να κάθεται στο ύψωμα και να κοιτάζει με ορθάνοιχτα μάτια το κενό πίσω από τους χοντρούς φακούς του.

— Πού είναι το Παιδί;

Καμία απάντηση. Ο Τοσοδούλης αποφάσισε, για την ώρα, να μην ενοχλήσει περισσότερο τον Ευγένιο, αλλά κάθισε δίπλα στα πόδια του και κοίταζε κι αυτός στο κενό μπας και ξεχωρίσει τίποτα ενδιαφέρον.

— Το Παιδί έφυγε, είπε ο Ευγένιος μία ώρα αργότερα.

— Α, είπε ο Τοσοδούλης.

Ακολούθησε πολύωρη σιωπή.

— Εξαφανίστηκε χθες.

— Άσχημο αυτό, είπε ο Τοσοδούλης.

— Έψαξα παντού.

— Όχι και *παντού*, είπε ο Τοσοδούλης.

— Μα ναι, παντού, είπε ο Ευγένιος.

— Όχι, είπε ο Τοσοδούλης.

— Μα ναι, είπε ο Ευγένιος.

— Μα όχι, είπε ο Τοσοδούλης και κοίταξε προς τη μεριά του δάσους, που απλωνόταν από κάτω τους ως πέρα στα βουνά που στέκονταν μεγαλόπρεπα στον ορίζοντα. Πίσω από αυτά υπήρχε κάτι άλλο, ακόμα πιο καταπληκτικό απ' όσα μπορούσε να ξέρει ο Τοσοδούλης.

— Δεν... δεν το έβαλα και αυτό μέσα στο παντού, αποκρίθηκε ο Ευγένιος, προσπαθώντας να ακουστεί πειστικός.

— Κι όμως, το Παιδί είναι εκεί πέρα, είπε ο Τοσοδούλης, έκπληκτος και ο ίδιος με τη σιγουριά του.

— Στο δάσος;

— Στο δάσος.

Ο Ευγένιος κοίταξε απέναντι, το δάσος και τα βουνά, για πολλή ώρα. Τα μάτια του μαύρισαν από λαχτάρα και νοσταλγία, στη σκέψη ότι ίσως το Παιδί να βρισκόταν εκεί πέρα αυτή τη στιγμή. Αλήθεια... Ίσως και να τον έψαχνε· ίσως, πάλι, περίμενε τον Ευγένιο να πάει να το πάρει.

Βέβαια, δεν αισθανόταν και πολύ άνετα μ' αυτή τη σκέψη, ήταν πάντως μια αλλαγή από τον κόμπο που ένιωθε στο λαιμό και το θόλωμα των γυαλιών του κάθε φορά που έκλαιγε.

Ξαφνικά κατάλαβε ότι δεν μπορούσε να κάθεται έτσι και να σκέφτεται άλλο.

— Πάμε να μιλήσουμε με το Σοφό, είπε αποφασιστικά. Δε γίνεται, κάτι θα μπορούμε να κάνουμε.

Πετάρισε λίγο με τις φτερούγες του, ζουζουνίζοντας για να τινάξει από πάνω τους την υγρασία, καθάρισε τα γυαλιά του και κατέβηκε γλιστρώντας το Λόφο. Ο Τοσοδούλης έτρεχε πίσω του όσο πιο γρήγορα του επέτρεπαν τα ποδαράκια του, χωρίς να τον απασχολεί τίποτε άλλο εκτός από το να αποφύγει τις αγκαθωτές αγριοτριανταφυλλιές που φύτρωναν στην πλαγιά. Ούτε ο Τοσοδούλης ούτε ο Ευγένιος αντιλήφθηκαν ότι είχαν ξεχάσει τον Κουρελή ολομόναχο πάνω στο Λόφο. Κι έτσι, κανείς δεν ήταν εκεί για να δει δυο μαύρα χέρια που έπιασαν τον Κουρελή και του έχωσαν κάτι στο στήθος, στο σημείο ακριβώς όπου οι Τριζοδόντηδες του είχαν ανοίξει μια τρύπα.

6

Οι αντιρρήσεις του Σοφού και η αναπάντεχη αντίδραση του Ευγένιου

— Εγώ το ήξερα από την αρχή, είπε ο Σοφός με μια έκφραση όλο νόημα, που ποτέ πριν δεν είχε δει ο Ευγένιος. Ο μύθος λέει ότι ένα παιδί σαν κι εκείνο θα εμφανιστεί στα καλά καθούμενα και θα μείνει μέχρι να εξαφανιστεί και δε θα ξαναγυρίσει ποτέ. Εγώ σ' το είχα πει, αλλά εσύ δε με πίστεψες. Όλοι οι νέοι ίδιοι είστε!

— Όμως, θα μπορούσε να ξαναγυρίσει, δε θα μπορούσε;

— Όχι. Πιο πιθανό είναι να πέσω εγώ κάτω από το δέντρο μου, είπε ξερά ο Σοφός.

— Άντε λοιπόν, πέσε, ψιθύρισε ο Τοσοδούλης από το χορτάρι, όπου βρισκόταν, αλλά τόσο σιγά, που ο Σοφός δεν τον άκουσε.

— Και δεν μπορούμε να κάνουμε κάτι; Ο Ευγένιος δεν εννοούσε να το βάλει κάτω και πετάριζε πέρα-δώθε μπροστά στο κλαδί του Σοφού. Εσύ γνωρίζεις το δάσος και τα βουνά, και μπορείς να μας πεις ποια είναι τα καλύτερα μέρη για να ψάξουμε.

— Δεν υπάρχει κάτι τέτοιο στα βιβλία.

— Στα βιβλία ίσως όχι, όμως θα μπορούσα...

— Δεν μπορείς να κάνεις τίποτα, είπε ο Σοφός και σύρθηκε τεμπέλικα μέσα στη βελανιδιά. Καλύτερα είναι να ξεχάσεις το όλο θέμα και να κάτσεις σπίτι σου. Είναι και πιο ασφαλές αυτό.

— Μα δεν μπορώ να εγκαταλείψω έτσι το Παιδί! Ο Ευγένιος ένιωθε πως και μόνο το ότι πήγαινε κόντρα στο Σοφό τού έδινε κουράγιο. Ποτέ δεν είχε τολμήσει να του πάει έτσι κόντρα.

Ο Σοφός όμως δεν άκουγε τίποτα.

— Υπάρχουν τρομεροί και φοβεροί κίνδυνοι μέσα στο δάσος: υπάρχει ο Λάκκος, το Γέρικο Βουνό με τις μάγισσες μέσα στις αγριοβατομουριές, εκείνοι οι απαίσιοι Δαγκωνύχηδες, και έπειτα είναι και οι Ακαδήμονες* στη Σπηλιά των Κινδύνων. Και, ακόμα κι αν ξεφύγεις από όλους αυτούς τους κινδύνους σώος και αβλαβής, δεν πρόκειται ποτέ να βρεις το Παιδί, όσο και να ψάξεις. Έτσι λέει ο μύθος. Άρα, έτσι είναι. Τελεία και παύλα.

Αυτό ήταν το τελευταίο πράγμα που είπε ο Σοφός προτού εξαφανιστεί μες στην τρύπα του δέντρου του, κοπανώντας πίσω του την Πόρτα της Γνώσης.

— Δεν μπορεί να ξέρεις τα πάντα! Ακόμα και αν

* Στα ελληνικά η λέξη είναι σύνθετη και βγαίνει από το «ακαδημία» και το «επιστήμονες». (Σ.τ.Μ.)

είσαι ο Σοφός. Θα σου δείξω εγώ! Εγώ θα το βρω το Παιδί!

Ο Ευγένιος είχε θυμώσει πολύ και για πρώτη φορά στη ζωή του τολμούσε να το δείξει. Πλάκα είχε! Διέγραψε ένα μεγαλόπρεπο τόξο και προσγειώθηκε στο χορτάρι κοντά στον Τοσοδούλη, που δεν κρατιόταν από τη χαρά του. Έβλεπε περιπέτεια ενόψει. Ένα ταξίδι. Στο άγνωστο. Και ίσως ακόμα πιο μακριά.

Ο Τοσοδούλης δεν είχε ιδέα τι τους περίμενε. Αν ήξερε, ίσως να μην ξεκίναγε για τη μεγάλη αναζήτηση μαζί με το φίλο του τον Ευγένιο και τον Κουρελή. Έτσι, δε θα ερχόταν ποτέ αντιμέτωπος με όλα εκείνα τα φοβερά, παράξενα πλάσματα που σε λίγο θα έμπαιναν στο προσκήνιο και θα βρίσκονταν μπροστά τους συνέχεια, μέχρι το τέλος.

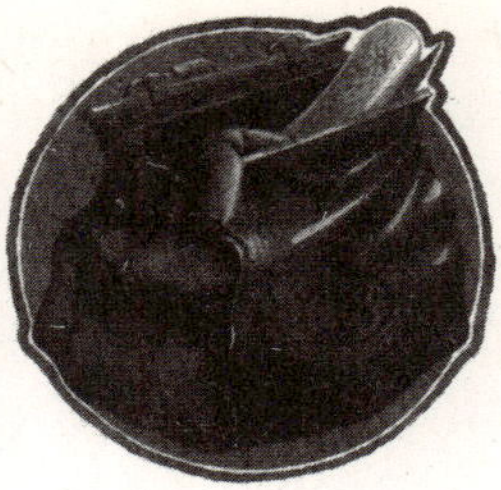

7

Ο Ευγένιος βρίσκει μυστηριωδώς ένα χάρτη του κόσμου και κάνει προετοιμασίες για το μεγάλο ταξίδι με τον Τοσοδούλη και τον Κουρελή

Το ταξίδι άρχισε από το ύψωμα.

Το επόμενο πρωί, με το χάραμα, ο Ευγένιος και ο Τοσοδούλης στάθηκαν στο ύψωμα και κοίταζαν το βουνό Έβερις, «το βουνό που οδηγεί στο τέλος του κόσμου», όπως εξήγησε ο Ευγένιος.

— Θέλω να πάω εκεί, είπε ο Τοσοδούλης. Για να δω όλο τον κόσμο.

— Κάποια μέρα θα σε πάω στην ψηλότερη κορφή του Έβερις, είπε ο Ευγένιος με σιγουριά.

— Το υπόσχεσαι; ρώτησε ο Τοσοδούλης.

Ο Ευγένιος δίστασε για μια στιγμή. Η συζήτηση σοβάρευε μάλλον.

— Σ' το υπόσχομαι, είπε τελικά και ένιωσε τον Τοσοδούλη να του σφίγγει το μικρό του δαχτυλάκι. Η συμφωνία είχε κλείσει.

Ο Ευγένιος κρατούσε ένα χάρτη που είχε προμηθευτεί με εντελώς ανεξήγητο τρόπο. Την προηγούμενη μέρα, λίγο πριν νυχτώσει, αφότου ο Σοφός είχε εξαφανιστεί μέσα στη βελανιδιά του και ο Τοσοδούλης είχε πεταχτεί σπίτι του να ετοιμαστεί για το ταξίδι «ψυχικά και σωματικά», όπως είπε ο ίδιος, ο Ευγένιος έφαγε τον τόπο να βρει τον Κουρελή – δεν ήταν πουθενά. Κι έτσι, ανέβηκε στο Λόφο να ρίξει μια ματιά. Τον βρήκε εκεί ακριβώς όπου τον είχε αφήσει. Όταν όμως τον πήρε στα χέρια του, ένιωσε κάτι να τρίζει και είδε ότι από την τρύπα που του είχαν κάνει οι Τριζοδόντηδες εξείχε η άκρη ενός διπλωμένου χαρτιού. Προς μεγάλη έκπληξη του Ευγένιου, αυτό το χαρτί ήταν, τελικά, ένας παλιός, χιλιοτρυπημένος χάρτης του κόσμου, που δεν είχε ποτέ του ξαναδεί, εκτός από έναν ίδιο αλλά μικρότερο σ' ένα από τα βιβλία του Σοφού. Κάποιος λοιπόν σίγουρα ήξερε ότι θα πήγαινε ταξίδι. Ευχαρίστησε κάνοντας μια ελαφριά υπόκλιση προς όλα τα σημεία του ορίζοντα, μουρμουρίζοντας κάτι που του είχε μάθει ο πατέρας του:

— Τ' όνομά σου δεν το ξέρω, αν όμως ο δρόμος σου είναι στ' ανατολικά, είθε να βρεις τη χαρά, στα νότια να 'χεις κοντά σου την αλήθεια, στο βορρά να βρεις παρά κι η τύχη όπου κι αν πας σ' όλη τη γη να σε ακολουθεί.

Έπειτα γύρισε σπίτι για να μελετήσει το χάρτη μαζί με τον Κουρελή.

Ο Ευγένιος δεν είχε ιδέα τι ετοιμασίες έπρεπε να κάνει ενόψει του ταξιδιού.

Όμως, κάτι του έλεγε ότι έπρεπε να βάλει μέσα στη

δερμάτινη τσάντα του διάφορα πράγματα που νόμιζε ότι θα μπορούσαν να του φανούν χρήσιμα στην πορεία.

Πρώτα πρώτα, έβαλε μέσα τη Μις Σέφιλντ, το σουγιά του δηλαδή, έναν πολύτιμο θησαυρό που είχε βρει κάποτε ο παππούς του στο δάσος, δίπλα σε μια εγκαταλειμμένη φωτιά, και έλεγαν πως έφερε μαγικές ιδιότητες όταν παρουσιαζόταν κάποια ανάγκη. Τουλάχιστον, έτσι θυμόταν ο Ευγένιος από διάφορες ιστορίες που είχε ακούσει από το Σοφό, που όλες περιέγραφαν πώς έκοβε η κοφτερή σαν ξυράφι Μις Σέφιλντ. Μάλιστα, στο τέλος δεν έβαλε τη Μις Σέφιλντ μέσα στη δερμάτινη τσάντα. Εκεί σκόπευε να τη φυλάξει αρχικά, μέχρι που κάτι του είπε να μην τη βάλει μέσα. Ήταν σαν να άκουγε μια μικρή φωνούλα μέσα του να του λέει ότι ήταν καλύτερα να τη δέσει πάνω στη ζώνη του. Και αυτό έκανε.

Έπειτα έβαλε στην τσάντα ένα ζευγάρι μάλλινες κάλτσες σε έξτρα-λαρτζ μέγεθος, τη συνταγή για τηγανίτες από ψίχα φοινικόδεντρου κι ένα μεγεθυντικό φακό χωρίς, όμως, το γυαλί – μ' αυτόν εστίαζες πάνω σε ό,τι ήθελες να εξετάσεις με κάθε λεπτομέρεια χρησιμοποιώντας μόνο το σκελετό. Στη μυστική θήκη της τσάντας υπήρχαν λίγα σπιτικά καρυδότοιχα, που είχαν την ιδιότητα να προστατεύουν από κάθε κακό και ξόρκια.

Τελευταίο ο Ευγένιος έβαλε μέσα το Βιβλίο, γιατί σκέφτηκε ότι ήταν καλύτερα να βρίσκεται πάνω πάνω μήπως το χρειαστεί κάποια στιγμή που δε θα είχε χρόνο να κάτσει να το ψάξει μες στην τσάντα. Είχε και διάφορα άλλα πράγματα να κάνει πριν ξεκινήσουν για το ταξίδι τους. Και όλη αυτή την ώρα ο Τοσοδούλης περίμενε υπομονετικά.

Πρώτα πρώτα, ο Ευγένιος ήθελε να πάει στο ύψωμα, στη μητέρα και στον πατέρα του.

— Λοιπόν. Ήρθε η ώρα. Είμαι σίγουρος ότι καταλαβαίνετε γιατί πρέπει να φύγω και να σας αφήσω. Έχω μια αποστολή να πραγματοποιήσω στο δάσος. Μπορούμε, μάλιστα, να πούμε ότι είναι μια πολύ σπουδαία αποστολή. Ίσως και επικίνδυνη. Θέλω μόνο να σας παρακαλέσω να με προστατεύετε... Αν έχετε το χρόνο. Αυτό μόνο. Και θα γυρίσω σύντομα. Το ελπίζω δηλαδή... Λοιπόν... Καλύτερα να ξεκινήσω τώρα. Μάλιστα. Καλύτερα να πηγαίνω.

Ήταν η πρώτη φορά που ο Ευγένιος έλεγε τόσο πολλά λόγια μαζεμένα· ακόμα και ο Τοσοδούλης ξαφνιάστηκε ακούγοντας τόσο πολλές λέξεις να βγαίνουν απ' το στόμα του.

— Άντε να πηγαίνουμε λοιπόν, είπε κι εκείνος κι ετοιμάστηκε να πηδήσει στον ώμο του φίλου του.

Όμως, ο Ευγένιος δεν ήταν έτοιμος ακόμα.

Σαν να τον έσπρωχνε το ένστικτό του, άπλωσε τα χέρια του με τις παλάμες προς τα πάνω και τα δάχτυλα τεντωμένα, και ύψωσε το λαιμό με το πιγούνι προς τον ουρανό. Έτσι τον είχαν διδάξει να κάνει η μητέρα και ο πατέρας του, εξηγώντας ότι, αν το έκανε αυτό, η Ενέργεια θα ήταν οδηγός του. Δεν πολυκαταλάβαινε τι εννοούσαν, αλλά δεν είχε σημασία. Αυτό το έκανε έτσι, για καλό και για κακό. Ο Τοσοδούλης, έτσι που τον κοίταζε να στέκεται πάνω στο Λόφο λουσμένος απ' τον πρωινό ήλιο, σκέφτηκε ότι η στάση αυτή είχε μεγαλοπρέπεια. Όπως ένα ένδοξο μνημείο.

Λίγο αργότερα ο Ευγένιος ξεκίνησε το ταξίδι προς το δάσος, κατηφορίζοντας το Λόφο. Ο Κουρελής είχε ανασηκωθεί και κοίταζε έξω από την τσάντα όσο κουνιόταν απαλά στο ρυθμό του βηματισμού του Ευγένιου, ενώ ο Τοσοδούλης καθόταν στον ώμο του φίλου του και πάλευε να μελετήσει το χάρτη. Πάντοτε εκεί τον έβρισκες, εκτός από τις μέρες που έκανε πολύ κρύο. Τότε του επιτρεπόταν να χωθεί μέσα στις μάλλινες κάλτσες του Ευγένιου κι έβγαζε μόνο το κεφάλι του, για να παρακολουθεί βήμα βήμα τι γινόταν. Άλλωστε, είχε μπόλικο χώρο μέσα στις κάλτσες: ήταν έξτρα-λαρτζ!

Ο Δαγκωνύχης που τους παρακολουθούσε από την κρυψώνα του βρισκόταν πολύ μακριά για να αντιληφθεί ότι ο Τοσοδούλης κρατούσε το χάρτη ανάποδα.

8

Πώς ξαφνικά σταμάτησαν οι ήχοι γύρω τους, πώς εμφανίστηκε ο απύθμενος Λάκκος και πώς τους επισκέφτηκε ο Βούρκος εκεί όπου κατασκήνωσαν για τη νύχτα

— Να, εκεί βρίσκεται ο... Λάκκος, ψιθύρισε ο Ευγένιος, δείχνοντας ένα σημείο στο χάρτη. Εκεί βρίσκονται και οι αναθεματισμένοι οι Δαγκωνύχηδες!

— Και εκεί επίσης, είπε ο Τοσοδούλης δείχνοντας άλλο σημείο. Και ο Ευγένιος είδε ότι είχε δίκιο. Έπρεπε να προσέχουν πολύ σ' εκείνο το μέρος.

Οι ταξιδιώτες κάθονταν σ' ένα ηλιόλουστο ξέφωτο, με το μεγεθυντικό φακό κολλημένο στα μάτια τους και το χάρτη του κόσμου απλωμένο πάνω στο χορτάρι, και προσπαθούσαν να αποφασίσουν ποιο δρόμο να πάρουν.

Το ταξίδι όμως διαρκούσε περισσότερο απ' όσο περίμενε ο Ευγένιος. Είχε ελπίσει ότι δε θα χρειαζόταν και πολύ χρόνο για να βρει το φίλο του, αλλά μέχρι στιγμής είχε ψάξει παντού, σε μια μεγάλη περιοχή που εκτεινόταν γύρω από το Λόφο, χωρίς αποτέλεσμα. Ήδη είχε πάει πολύ μακριά από το σπίτι του, όπου δεν είχε φανταστεί ποτέ του ότι θα ήταν ικανός να φτάσει.

Αν και ρωτούσε όποιον έβρισκε στο δρόμο του, κανείς δε φαινόταν να έχει δει το Παιδί. Οι εβδομάδες και οι μήνες περνούσαν χωρίς τίποτα πια να κρατάει ζωντανή την ελπίδα στην καρδιά του Ευγένιου, εκτός μόνο από την πεποίθησή του ότι το Παιδί βρισκόταν κάπου εκεί γύρω, όχι πολύ μακριά του.

Πέρασε το καλοκαίρι, έφυγε και το φθινόπωρο. Ολόκληρο τον επόμενο χειμώνα ο Ευγένιος περιπλανιόταν όλο και πιο μακριά μέσα στο δάσος, με το φιλαράκο του στον ώμο. Όποιον συναντούσε του έκανε την ίδια πάντα ερώτηση: «Μήπως είδες το Παιδί; Είναι ο καλύτερός μου φίλος. Χάθηκε και με ψάχνει. Και τον ψάχνω και γω». Αλλά ούτε τα ζώα ούτε άλλοι κάτοικοι του δάσους, ούτε τα δέντρα-φύλακες ούτε τα πνεύματα του ανέμου, κανείς δεν είχε συναντήσει τον καλύτερο φίλο του Ευγένιου.

— Αν όμως δεις το Παιδί, έλεγε ο Ευγένιος, του λες, σε παρακαλώ, ότι συνάντησες τον Μπόμπο και ότι ο Μπόμπος το ψάχνει;

— Ο *Μπόμπος*;

— Ναι... Ξέρεις, με λένε Ευγένιο, αλλά το Παιδί με φωνάζει Μπόμπο.

Εκείνο το χειμώνα στο δάσος ακούγονταν πολλοί ψίθυροι, όπως και τριξίματα και τιτιβίσματα, όμως κανένα δεν είχε σχέση με το Παιδί. Αφορούσαν κυρίως τους ταξιδιώτες, που κανείς δε γνώριζε σ' αυτήν τη μεριά του δάσους, αλλά όλοι άκουγαν να μιλούν γι' αυτούς. Και όλοι, γενικά, ανησυχούσαν γιατί ήταν τρομερά επικίνδυνο ταξίδι.

— Φυλαχτείτε από τους Δαγκωνύχηδες, έγρουξε ένα δέντρο-φύλακας κι έτρεμε σαν το φύλλο. Αυτό μόνο μπόρεσε να τους πει όταν ο Ευγένιος το ρώτησε για τη διαδρομή.

— Φυλαχτείτε από τη μάγισσα του Γέρικου Βουνού, τους πέταξε ένα ελάφι καθώς πέρασε τρέχοντας δίπλα τους πηγαίνοντας προς την Πηγή.

— Ναι, ναι, φυλαχτείτε! έκρωξε το κοράκι που πέταγε από πάνω τους εκείνη τη στιγμή.

— Ναι, ναι, να φυλαχτείτε και από τους φοβερούς και τρομερούς Ακαδήμονες στη Σπηλιά των Κινδύνων, πρόσθεσε μια κουκουβάγια και αποκοιμήθηκε.

Ωραίο κουράγιο τούς έδιναν όλοι!

Το ταξίδι κρατούσε κι άλλο, αλλά ο Ευγένιος δεν είχε καμιά διάθεση να τα παρατήσει. Μέσα του πίστευε πως κάποια στιγμή οι προσπάθειές του θα ανταμείβονταν. Και, μια που ο χρόνος μέσα στο δάσος κυλούσε με εντελώς διαφορετικό τρόπο απ' ό,τι οπουδήποτε αλλού, ο Ευγένιος δεν κινδύνευε να μεγαλώσει. Το μόνο που μεγάλωνε ήταν η εμπειρία και η ωριμότητά του, έτσι τα ροδοκόκκινα μαγουλάκια του και το κοντόχοντρο σώμα του δεν έδειχναν κανένα σημάδι κούρασης. Κι αυτό ήταν ένα πλεονέκτημα για ένα τόσο μακρύ ταξίδι.

Με τούτα και μ' εκείνα πέρασαν πολλά χρόνια και τώρα που οι φίλοι κάθονταν στο ξέφωτο και μελετούσαν το χάρτη ήταν πάλι άνοιξη.

— Για να προχωρήσουμε λίγο στο ταξίδι μας τις επόμενες μέρες, πρέπει πρώτα να αφήσουμε πίσω μας το Λάκκο και να περάσουμε μέσα από τη χώρα των Δαγκωνύχηδων, είπε ο Ευγένιος και κατάλαβε αμέσως πως ολόγυρά του το δάσος σαν να λαχτάρησε στο άκουσμα αυτών των λέξεων.

— Άσχημα τα πράγματα, απάντησε ο Τοσοδούλης κουνώντας το κεφάλι του.

— Δεν μπορούμε να διαλέγουμε μόνο τα καλά, είπε ο Ευγένιος, έκπληκτος και ο ίδιος με την ηρεμία του. Γιατί ήξερε πολύ καλά ότι ο Λάκκος ως λάκκος δε φημιζόταν μόνο για το ότι δεν είχε πάτο, αλλά και για το ότι ήταν κινητός, κι έτσι κανείς δεν μπορούσε να πει με σιγουριά πού θα εμφανιζόταν ξαφνικά. Θα μπορούσε πολύ ωραία να βρίσκεται μόνο ένα βήμα μακριά τους. Το ίδιο και οι άτιμοι οι Δαγκωνύχηδες, θα μπορούσαν να είναι οπουδήποτε. Είχε, μάλιστα, την υποψία ότι μερικοί απ' αυτούς παρακολουθούσαν από κάποια απόσταση τον Τοσοδούλη και την αφεντιά του. Κάποιες στιγμές τού είχε φανεί πως είδε κάτι αδύνατα παράξενα πλάσματα να κινούνται ανάμεσα στα δέντρα και μερικές φορές, τις νύχτες, άκουγε βραχνές φωνές να ψιθυρίζουν μες στη σιγαλιά. Πάντως, κάποιος λόγος θα υπήρχε που οι Δαγκωνύχηδες σημειώνονταν πάνω στο χάρτη σε περισσότερα από ένα μέρη.

— Όσο πιο γρήγορα προχωρήσουμε τόσο πιο γρήγορα θα βρούμε το Παιδί, είπε ο Ευγένιος και ακούστηκε τόσο αποφασιστικός και κοφτός, που ο Τοσοδούλης ένιωσε αμέσως καλύτερα.

— Φοβερό, είπε ο Τοσοδούλης παρακολουθώντας

με θαυμασμό τον Ευγένιο να κοιτάζει τον ουρανό, για να μετρήσει το ύψος και τη θέση του ήλιου, και να λέει ότι έπρεπε να πάνε ίσια.

Ο Ευγένιος τύλιξε το χάρτη και τον έδωσε στον Τοσοδούλη, που τον κράτησε για ασφάλεια και με τα δυο του χέρια. Και συνέχισαν το δρόμο τους μέσα στο δάσος. Μέσα στην αβεβαιότητα και στο άγνωστο.

Κόντευε να βραδιάσει. Όλο και λιγότερες αχτίδες του ήλιου τρύπωναν ανάμεσα στα δέντρα και η βραδινή ψύχρα έπεφτε στις σκιές. Οι ταξιδιώτες είχαν κατέβει σε μια μικρή κοιλάδα και ο Ευγένιος ήταν σίγουρος ότι κάτι δεν πήγαινε καλά. Ολόγυρά τους απλωνόταν μια περίεργη ησυχία. Σαν κάτι να είχε απορροφήσει όλους τους ήχους. Ακόμα και όταν πάτησε πάνω σ' ένα ξερόκλαδο σπάζοντάς το, σχεδόν δεν ακούστηκε ο ήχος από το σπάσιμο. Κι όμως, ήταν σίγουρος πως η ακοή του δεν είχε πάθει ζημιά. Έβλεπε μπροστά του ένα πουλί που φαινόταν να τραγουδάει χαρούμενα, το μόνο όμως που ακουγόταν ήταν ένα πολύ αχνό τιτίβισμα.

— Λέω να μην προχωρήσουμε άλλο για την ώρα, ψιθύρισε ο Ευγένιος, αρκετά δυνατά για να τον ακούσει ο Τοσοδούλης. Καλύτερα ήταν να πάρουν τις προφυλάξεις τους. Μπορεί εδώ, σ' αυτό το μέρος, να είχαν μεγάλη δύναμη τα μαγικά του δάσους. Ή τα ξόρκια των μαγισσών του Γέρικου Βουνού. Ή να υπήρχαν Δαγκωνύχηδες. Πού να ξέρει και ο καημένος ο Ευγένιος! Πώς θα μπορούσε, άλλωστε, να ξέρει...

Βλέπετε, ο Λάκκος είχε μετακινηθεί και ήταν ολόγυρά τους, στο μέρος όπου θα κατασκήνωναν για τη νύχτα.

Διάλεξε ένα μέρος για να κοιμηθούν κάτω από ένα μεγάλο δέντρο που ήταν πιο ψηλό από όλα τα άλλα και τους προφύλασσε σαν στέγη με την πλαγιαστή κορφή του. Μάζεψε μπόλικα ξερά βρύα για να τα κάνει στρώμα και ξάπλωσε πάνω με τον Τοσοδούλη στην αγκαλιά του, ενώ ο Κουρελής έμεινε ξαπλωμένος μέσα στην τσάντα για να φυλάει το Βιβλίο.

Τη στιγμή που ο ήλιος χανόταν πίσω από τους λόφους στη δύση και ο Ευγένιος ένιωθε να τον κυριεύει ο ύπνος, ξαφνικά του ήρθε έμπνευση.

— Είναι ο Λάκκος, ψιθύρισε. Ο Λάκκος είναι ακριβώς δίπλα μας και απορροφάει όλους τους ήχους για να μπορέσει να προχωρήσει.

— Δεν ακούω, φώναξε ο Τοσοδούλης, αλλά ο Ευγένιος δεν άκουσε λέξη. Είδε μόνο τον Τοσοδούλη να κουνάει το στόμα του. Και ο Τοσοδούλης κουλουριάστηκε πιο κοντά στον Ευγένιο, γιατί δεν είχε ιδέα τι συνέβαινε.

Όμως, ο Ευγένιος ήξερε πως το μόνο που μπορούσανε να κάνουν ήταν να περιμένουν και να ελπίζουν για το καλύτερο. Ίσως ο Λάκκος να εξαφανιζόταν μέσα στη νύχτα και όλα να ξαναγίνονταν φυσιολογικά. Ίσως κι όχι. Όμως, δεν μπορούσαν να κάνουν... Ήταν απλό: δεν μπορούσαν να κάνουν απολύτως τίποτα.

Και, μ' αυτή τη σκέψη, ο Ευγένιος γλίστρησε στη χώρα των ονείρων, ενώ ο Τοσοδούλης έμεινε ξύπνιος γιατί φοβόταν μήπως γίνει κάτι και το χάσει.

Γι' αυτό ακριβώς ο Τοσοδούλης μπόρεσε να δει το Βούρκο να σκάει μύτη από το Λάκκο. Μέσα στο φεγγαρόφωτο είδε κάτι μυστηριώδες και αστραφτερό να σηκώνεται από το υγρό έδαφος, να σκουπίζει το πρόσωπό του και να ανοίγει κάτι λαμπερά μαύρα μάτια πίσω από ένα παχύ στρώμα λάσπης.

— Βουρκωμένα ευτυχής που σας γνωρίζω, ακούστηκε και το λασπωμένο μούτρο του Βούρκου έσταζε καθώς έτεινε το θεοβρόμικο χέρι του για να χαιρετίσει τον Τοσοδούλη. Βούρκο με λένε, είπε με όσο πιο φιλική φωνή μπορούσε. Επειδή όμως το δέντρο που είχε διαλέξει ο Ευγένιος για να ξεκουραστούν είχε βρεθεί ξαφνικά στη μέση του Λάκκου, εκεί δηλαδή όπου μαζεύονται όλοι οι ήχοι και δυναμώνει η έντασή τους, ο χαιρετισμός του Βούρκου ακούστηκε σαν την πιο τρομερή πολεμική κραυγή.

— Παναγιά μου, οι Δαγκωνύχηδες! ξεφώνισε ο Ευγένιος, άρπαξε τον Τοσοδούλη και την τσάντα και σκαρφάλωσε απίστευτα ψηλά πάνω στο δέντρο, αν υπολογίσουμε ότι σκαρφάλωνε με το ένα χέρι. Και μόνο τότε ξύπνησε ολότελα. Όμως, ο Βούρκος τρόμαξε τόσο πολύ με τη φασαρία που έκανε ο Ευγένιος, ώστε βυθίστηκε όσο πιο βαθιά μπορούσε μέσα στον απύθμενο Λάκκο. Κρίμα, γιατί ο Βούρκος θα μπορούσε να τους πει μερικά πολύ σημαντικά πράγματα σχετικά με το Παιδί...

Εκεί ψηλά, πάνω στο δέντρο, ξύπνησαν κι άλλα πλάσματα. Μέσα από την πυκνή φυλλωσιά της κορφής του δέντρου ένα χοντρό πλάσμα γλίστρησε με υπερβολικά αργό ρυθμό κοντά στον Ευγένιο και στον Τοσοδούλη και τους μύρισε με προφύλαξη. Εκείνοι ήταν αναγκασμένοι να μείνουν πάνω στο δέντρο ωσότου ο Λάκκος τούς κάνει τη χάρη να ξεκουμπιστεί από κει.

— Καλησπέρα σας, ψιθύρισε στο αυτί του Ευγένιου και εκείνος ξαφνιάστηκε τόσο πολύ, που παραλίγο να ρίξει τον Τοσοδούλη και την τσάντα του κατευθείαν μέσα στο Λάκκο. Είμαι ο Σοβαρός Πλαφ, τους συστήθηκε το πλάσμα. Ξέρω τα πάντα. Δεν υπάρχει απολύτως τίποτα που να μην ξέρω.

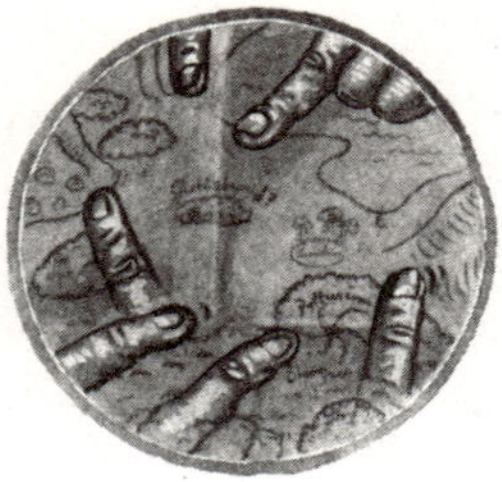

9

Η ανυπολόγιστη αξία των οδηγιών του Σοβαρού Πλαφ και η σοφή του αντίληψη για τη ζωή

Πράγματι, ο Σοβαρός Πλαφ ήξερε πάρα πολλά πράγματα. Σου έδινε την εντύπωση ότι ήξερε τα πάντα για όλους μέσα στο δάσος, και μάλιστα ότι ήξερε γι' αυτούς μερικά πράγματα που δεν τα ήξεραν ούτε οι ίδιοι.

— Εσύ είσαι ο Ευγένιος, δεν υπάρχει καμία αμφιβολία. Αυτό μπορώ να το επιβεβαιώσω οποτεδήποτε και οπουδήποτε. Χωρίς υπερβολή! ανήγγειλε ο Σοβαρός Πλαφ όταν του συστήθηκε ο Ευγένιος. Κι εσύ είσαι...

— Ο Τοσοδούλης, είπε ο Τοσοδούλης.

— Ακριβώς. Ο Τοσοδούλης είσαι. Και μην προσπαθήσει κανείς να με πείσει για το αντίθετο, είπε αυστηρά και κούνησε τη γροθιά του σαν να ήταν θυμωμένος με κάποιον. Ήταν ολοφάνερο πως τούτο εδώ ήταν ένα πολύ διασκεδαστικό πλάσμα. Ο Ευγένιος δεν κρατήθηκε και έβαλε τα γέλια, αν και ήξερε ότι ήταν μεγάλη αγένεια να γελάς έτσι κατάμουτρα σ' έναν άγνωστο. Λοιιιιπόοοον, έρχεσαι από... από... κείθε, έτσι; Και ο Σοβαρός Πλαφ έδειξε με το κοντόχοντρο πόδι του κάπου αόριστα. Ο Τοσοδούλης, μέσα του, μιμήθηκε την κίνηση αυτή.

— Ναι, ξεκινήσ...

— Ναι, ξεκινήσατε και κατασκηνώσατε εδώ πέρα για τη νύχτα, το ξέρω, το ξέρω. Ξέρω ό,τι ξέρω. Πολύ λίγα πράγματα μου ξεφεύγουν, είπε ο Σοβαρός Πλαφ κι έτριψε το πιγούνι του· έδειχνε τόσο έξυπνος, που ο Ευγένιος αισθάνθηκε αμήχανα που είχε μπροστά του μια τέτοια πηγή γνώσεων. Και τώρα πηγαίνετε προς... προς τα εκεί, είπε και κούνησε το πόδι του προς αόριστη κατεύθυνση πάλι, και ψάχνετε κατά κάποιον τρόπο...

— Το Παιδί. Ψάχνουμε να βρούμε το Παιδί, είπε ο Ευγένιος.

— Αυτό είπα και γω. Ξέρω τα πάντα. Για το Π α ΐ δ ι.

— Ξέρεις κάτι για το Παιδί; Ο Ευγένιος ένιωσε την καρδιά του να χοροπηδάει. Βρίσκεται κάπου εδώ κοντά;

— Α, όλα κι όλα, όχι όλες οι ερωτήσεις μαζί! Λοιπόν, για να δούμε. Να προσπαθήσουμε πρώτα να ξεδιαλύνουμε την κατάσταση. Το Π α ΐ δ ι είναι, ναι, βέβαια, με άλλα λόγια, είναι πολύ κοντά πρέπει να σας πω... Απολύτως... πολύ... κοντά.

Ο Ευγένιος χάρηκε τόσο πολύ, που δεν άντεξε άλλο και παρακάλεσε αμέσως το Σοβαρό Πλαφ να τους δείξει πάνω στο χάρτη πού μπορούσαν, εκείνος και ο Τοσοδούλης, να το βρουν και, επίσης, να τους δείξει τον καλύτερο δρόμο που έπρεπε να πάρουν για να πάνε κατευθείαν όπου ήταν το Παιδί.

— Μα φυσικά, φυσικά, όποιος μπορεί να διαβάσει το μ ά ρ τ η...

— Χάρτη, ψιθύρισε ο Τοσοδούλης, αλλά ο Ευγένιος του έδωσε μια σκουντιά επειδή τόλμησε να διορθώσει κάποιον τόσο έξυπνο όσο ο Σοβαρός Πλαφ.

— Αυτό είπα και γω, το π ά ρ τ ι αναφέρει ό,τι μπορεί να πει κανείς για το ζήτημα αυτό, ανήγγειλε με επισημότητα ο Σοβαρός Πλαφ. Τους πήρε το χάρτη και, αφού έδειξε ένα σωρό σημεία και αφού έτριψε λίγο το δάχτυλό του εκεί πάνω, τον επέστρεψε στον Ευγένιο. Ορίστε, είναι όλα ξεκάθαρα κατά κάποιον τρόπο. Έτσι πιστεύω· το ζήτημα είναι ξεκάθαρο.

Και, πριν προλάβουν να πουν κύμινο, ο Σοβαρός Πλαφ είχε κιόλας εξαφανιστεί μέσα στις φυλλωσιές στην κορφή του δέντρου.

— Και τώρα; είπε ο Τοσοδούλης και το ίδιο το μουτράκι του ήταν σαν ένα τεράστιο ερωτηματικό.

— Εεεε... άκουσες... είπε ότι όλα είναι ξεκάθαρα. Έτσι πιστεύει εκείνος· το ζήτημα είναι ξεκάθαρο. Ο Ευγένιος ξεδίπλωσε πάλι το χάρτη και έδειξε αόριστα διάφορα σημεία που νόμιζε ότι του είχε δείξει ο Σοβαρός Πλαφ. Απλώς, πρέπει να πάμε από εκεί... εδώ κι εκεί... και... εκεί.

Ο Τοσοδούλης έτριψε το πιγούνι του μπας και καταλάβει κάτι, αλλά τίποτα.

— Δεν καταλαβαίνω.

— Δεν καταλαβαίνεις; Ίσως λοιπόν θα έπρεπε να προσπαθείς να ακούς όταν μιλάνε οι άλλοι αντί να τους κοροϊδεύεις, εντάξει; είπε ο Ευγένιος και έχωσε το χάρτη στην τσάντα σκασμένος, όπως θυμόταν ότι έκανε ο πατέρας του όταν θύμωνε.

Όμως, ο Ευγένιος δεν ήταν στ' αλήθεια θυμωμένος με τον Τοσοδούλη. Απλώς, δεν ήθελε να παραδεχτεί ότι δεν είχε ιδέα τι ακριβώς τους είχε πει ο Σοβαρός Πλαφ. Άλλωστε, είναι κάπως δύσκολο να καταλάβεις κάτι τέτοιους μορφωμένους Σοβαρούς Πλαφ, ακόμα κι όταν προσπαθούν κάτι να σ' το κάνουν λιανά. Εντελώς και απολύτως αδύνατον να τους καταλάβεις.

10

Οι ταξιδιώτες ακολουθούν τις οδηγίες του Σοβαρού Πλαφ και των δέντρων, ο Ευγένιος πάει για εξερεύνηση και ο Τοσοδούλης ονειρεύεται τους Λεξουλίτες, όταν κάποιος τον επισκέπτεται κάτω από την αγριοβατομουριά

— Άλλαξαν όλα, είπε ο Τοσοδούλης.

Πιο σωστή κουβέντα απ' αυτή δεν ξανάγινε. Ολόγυρά τους, απ' όπου είχε περάσει ο Λάκκος, υπήρχε τώρα δροσερό πυκνό πράσινο χορτάρι. Συγχρόνως, το δέντρο, που στην αρχή ήταν σαν νησί πάνω στο υγρό έδαφος, είχε γίνει ένα με τις άλλες πρασινάδες του δάσους.

— Ας πηγαίνουμε λοιπόν, είπε αποφασιστικά ο Ευγένιος και ξεκίνησε χωρίς δισταγμό, κρατώντας το χάρτη στα χέρια του.

Είχε την αίσθηση ότι βρισκόταν στο σωστό δρόμο, γιατί μερικά κλαδιά των δέντρων ήταν σαν δάχτυλα που τους έδειχναν προς μια συγκεκριμένη κατεύθυνση: προς τα εκεί όπου το έδαφος του δάσους άρχιζε λίγο λίγο να υψώνεται κι έπειτα να ανηφορίζει.

— Θα περάσουμε αυτόν εκεί το λόφο, ανακοίνωσε όλο τόλμη και έδειξε στον Τοσοδούλη ένα φαρδύ σχήμα πάνω στην αριστερή πλευρά του χάρτη, χωρίς καμιά ονομασία πάνω του.

— Ναι, αλλά πώς τον λένε αυτό το λόφο; άρχισε τις αμφιβολίες ο Τοσοδούλης.

— Δεν... δεν είναι και πολύ ξεκάθαρο αυτό... στο χάρτη υπάρχει μια τρύπα εκεί όπου ήταν το όνομα. Βλέπεις, είναι πολύ παλιός ο χάρτης.

— Ναι, αλλά αν είναι επικίνδυνα;

— Έχε μου εμπιστοσύνη και μην ανησυχείς. Ο Ευγένιος είχε αρχίσει να τσατίζεται με την γκρίνια του Τοσοδούλη. Τον καθυστερούσε, ενώ εκείνος λαχτάραγε να φτάσει το γρηγορότερο στο μέρος όπου ήταν το Παιδί. Ο Λάκκος ήταν πια πίσω τους, και ήταν σίγουρος ότι τώρα όλα θα πήγαιναν καλά. Ας ξεκινήσουμε λοιπόν! Δεν πρέπει να αφήσουμε το Παιδί να μας περιμένει περισσότερη ώρα απ' όση θα χρειαστούμε για να φτάσουμε.

Το πρωινό είχε προχωρήσει αρκετά και ένα σμάρι πουλιά που πετούσαν τριγύρω αναρωτιόνταν ποιος άραγε ταξίδευε σ' αυτά τα μέρη. Έβλεπαν ένα μικρό πλάσμα που κουβαλούσε ένα ακόμα πιο μικρό πλασματάκι στον ώμο του και μια τσάντα στο χέρι. Τα πουλιά, σίγουρα, δεν ήταν συνηθισμένα να βλέπουν κανέναν άλλο σ' αυτά τα μέρη εκτός από τους Δαγκωνύχηδες. Και φυσικά, και τις μάγισσες. Στο κάτω κάτω, το βουνό τούς ανήκε.

— Απότομο, είπε ο Τοσοδούλης καθώς ο Ευγένιος ανέβαινε αγκομαχώντας το φιδογυριστό μονοπάτι, που όσο ανέβαιναν γινόταν όλο και πιο απότομο. Όπου και να κοίταζε στο χάρτη ο Τοσοδούλης, ήταν αδύνατον να βρει αυτό το μονοπάτι. Περίεργο, ψέλλισε ο Τοσοδούλης και γύρισε το χάρτη ανάποδα μπας και βρει το μονοπάτι, αλλά ήταν τζάμπα κόπος.

Τα αδυνατούτσικα, μικρά ποδαράκια του Ευγένιου έτρεμαν από την κούραση και το μονοπάτι τώρα είχε γίνει τόσο απότομο, που, στην πραγματικότητα, ο Ευγένιος έπρεπε να σκαρφαλώσει για να προχωρήσει. Και ήρθε κάποια στιγμή που κατάλαβε ότι δεν μπορούσε να προχωρήσει άλλο. Από πάνω τους κρεμόταν ένας βράχος τόσο απότομος, που μόνο πουλί πετάμενο μπορούσε να τον πλησιάσει.

Κάθισε για να σκεφτεί λίγο την κατάσταση.

Βαθιά μέσα του είχε καταλάβει ότι ο Σοβαρός Πλαφ δεν ήξερε τι έλεγε. Δεν είχε ιδέα για το Παιδί, απλώς τους είχε δείξει κάπου αόριστα. Ίσως τόσο μόνο ήθελε να βοηθήσει. Αλλά και ο Ευγένιος λαχταρούσε τόσο πολύ να ακούσει κάτι καλό ύστερα από τόσο καιρό, που ήταν έτοιμος να πιστέψει οτιδήποτε και οποιονδήποτε. Έτσι, όμως, που καθόταν κάτω από το βράχο, όφειλε να παραδεχτεί πως η αλήθεια ήταν ότι είχε κουραστεί πολύ, είχε χαθεί και ότι, ακόμα και ύστερα απ' όλα αυτά, δεν είχε ιδέα πού βρισκόταν το Παιδί. Άξιζε όμως να καταστρώσει ένα καινούριο σχέδιο δράσης.

— Έξυπνο, απάντησε ο Τοσοδούλης όταν ο Ευγένιος του είπε το σχέδιό του. Θα άφηνε τον Τοσοδούλη και την τσάντα στα ριζά του βράχου και θα πήγαινε να κάνει μια μικρή αναγνωριστική πτήση πάνω από τα δέντρα. Ίσως έτσι να καταλάβαινε πώς ήταν το μέρος αυτό και αν υπήρχε κάποιος ευκολότερος δρόμος μέσα από το δάσος. Έφτιαξε στα γρήγορα κι άλλο ένα σχέδιο, άμεσης δράσης, αν κάτι τον καθυστερούσε στην πτήση του:

— Αν δε γυρίσω πίσω πριν ο ήλιος αγγίξει την κορφή εκείνου εκεί του δέντρου, τότε εσύ θα... τότε εσύ θα πρέπει να... περιμένεις λίγο ακόμα.

— Έξοχη ιδέα, είπε ο Τοσοδούλης γεμάτος θαυμασμό και βολεύτηκε δίπλα σ' ένα ζουμερό τσαμπί από καρπούς άγριας βατομουριάς που έπεσε μόλις εκείνη τη στιγμή από έναν κοντινό θάμνο, ενώ ο Ευγένιος γλιστρούσε αθόρυβα ανάμεσα από τα δέντρα. Ο Τοσοδούλης γύρισε και κοίταξε ψηλά και τον είδε να εξαφανίζεται μέσα στο ηλιόφωτο, που ήταν τόσο δυνατό, ώστε δεν μπορούσε να ξεχωρίσει πια τη φιγούρα του φίλου του. Είδε μόνο τη σκιά του να κινείται στις κορφές των δέντρων και να χάνεται μέσα στο φως.

Ένα λεπτό αργότερα, ο Τοσοδούλης είχε αποκοιμηθεί. Και ονειρεύτηκε αμέτρητους περίεργους τύπους.

Οι περίεργοι τύποι ήταν Λεξουλίτες και τους συναντούσε κανείς στα πιο τρελά όνειρα. Επρόκειτο για μικρούτσικα ολοστρόγγυλα πλάσματα που ταξίδευαν κατά ομάδες μέσα στο δάσος των ονείρων, για να μεταφέρουν μηνύματα από τις δυνάμεις του καλού. Αλλά, επειδή είχαν γεννηθεί τόσο μικρούλικοι, μπορούσαν να μάθουν μόνο μία λέξη, και αυτή ήταν και το όνομά τους. Όλοι μαζί, όμως, μπορούσαν να σχηματίσουν τις πιο περίπλοκες φράσεις.

Οι Λεξουλίτες κατέβαιναν χοροπηδώντας από τον απότομο βράχο και ψιθύριζαν ο καθένας τη μια και μοναδική του λέξη καθώς περνούσαν δίπλα από τον Τοσοδούλη πετώντας:

— Ουπς! Μη... ρισκάρεις... να... συνεχίσεις... το... δρόμο... γύρνα... πίσω... αμέσως... Μην (ένας από αυτούς έκανε την ίδια τρίλια δυο φορές)... φας... επικίνδυνα... φύλλα... μόνος... Και μετά εξαφανίστηκαν.

Όμως, ο Τοσοδούλης δεν ξύπνησε αμέσως. Στριφογύριζε αρκετή ώρα κάτω από την αγριοβατομουριά, με την υπέροχη γεύση των καρπών στο στόμα του, και δεν ξύπνησε παρά μόνο όταν μια κρύα σκιά απλώθηκε πάνω στα μάτια του. Τα άνοιξε πάνω στην ώρα, ίσα ίσα για να δει ότι κάποιος πλησίαζε. Κάτι ή κάποιος ερχόταν ανάμεσα από τα δέντρα. Και δεν ήταν ο Ευγένιος.

11

Ο Ευγένιος κάνει μια αναπάντεχη ανακάλυψη κατά τη διάρκεια της αναγνωριστικής του πτήσης και τρομοκρατείται, με απρόβλεπτες συνέπειες

Μόλις βρέθηκε πάνω και από τις πιο ψηλές δεντροκορφές, ο Ευγένιος συνειδητοποίησε ότι θα έπρεπε να πετάξει ακόμα πιο ψηλά, αν ήθελε να έχει μια καλή εικόνα όλου του λόφου. Στην πρώτη αυτή προσπάθεια, καλά καλά ούτε πίσω από το λόφο δεν μπορούσε να δει. Έτσι, έβαλε όλη του τη δύναμη στις μικρές του φτερούγες και πέταξε πολύ πιο ψηλά από τις πυκνές φυλλωσιές της κορφής των δέντρων, ψηλότερα απ' όσο είχε ποτέ τολμήσει να πάει. Και τότε πια μπόρεσε να δει πιο μακριά απ' όσο είχε φανταστεί ότι θα έβλεπε από το Λόφο της πατρίδας του.

Κοίταξε πέρα στο βορρά, πάνω από το δάσος, εκεί όπου το βουνό στο τέλος του κόσμου ορθωνόταν κόντρα στον ουρανό. Να το λοιπόν το βουνό Έβερις.

Τι υπέροχο! Ο Ευγένιος και μόνο που το έβλεπε ένιωθε ένα ρίγος να διαπερνά την πλάτη και τις φτερουγίτσες του. Άραγε θα χρειαζόταν να φτάσει μέχρι το βουνό Έβερις για να βρει το Παιδί; Τρόμαξε σ' αυτή τη σκέψη. Δεν του άρεσαν και πολύ τα ψηλά βουνά. Και η υπόσχεση που είχε δώσει στον Τοσοδούλη; Δεν είχε υποσχεθεί στο φιλαράκο του να του δείξει όλο τον κόσμο από την ψηλότερη κορφή;

Έδιωξε αυτή τη σκέψη μακριά, γλίστρησε προς τα ανατολικά απ' όπου είχε έρθει, και νόμιζε πως έβλεπε μέχρι πέρα στην πατρίδα του, το Λόφο με το ύψωμα των γονιών του στην κορφή.

Αχ! Και να μπορούσαν εκείνοι να τον δούνε τώρα! Πόσο περήφανοι θα ένιωθαν γι' αυτόν και για τη μεγάλη αποστολή διάσωσης που είχε αναλάβει. Και έκανε μια ριψοκίνδυνη στροφή για να τους δείξει ότι δε φοβόταν καθόλου, στην περίπτωση που εκείνοι τον έβλεπαν την ίδια στιγμή.

Καθώς ολοκλήρωνε τη ριψοκίνδυνη στροφή του κοίταξε προς τα δυτικά και είδε ξαφνικά μπροστά του το λόφο που ανέβαινε πριν από λίγο, σ' όλη του τη μεγαλοπρέπεια. Και εκείνη τη στιγμή κατάλαβε ότι αυτός ο λόφος δεν ήταν ένας απλός λόφος. Ήταν κοτζάμ βουνό. Και, το χειρότερο απ' όλα, δεν μπορούσε να είναι άλλο από το Γέρικο Βουνό. Το αναγνώρισε από ένα αρχαίο σχέδιο που είχε δει στο Βιβλίο Μαγείας του Σοφού και θυμήθηκε τους φοβερούς μύθους και τα μαγικά ξόρκια που το βάραιναν.

Παντού στο βουνό φύτρωναν αναρίθμητες άγριες βατομουριές, που, στην πραγματικότητα, ήταν μάγισσες και δαίμονες μαγεμένοι με ξόρκια. Κάθε φορά που κάποιος με αγνή και αθώα καρδιά βρισκόταν τυχαία στις πλαγιές του βουνού και δοκίμαζε τους γλυκούς καρπούς της αγριοβατομουριάς, το τέρας του θάμνου ελευθερωνόταν από τα μάγια. Και το αθώο θύμα καταδικαζόταν να μείνει φυλακισμένο για πάντα κάτω από τις ρίζες του θάμνου.

Τώρα καταλάβαινε ο Ευγένιος γιατί τα δέντρα σαν να του 'δειχναν το δρόμο για το βουνό. Πρέπει να ήταν δέντρα μαγεμένα που ήθελαν να τραβήξουν τον ίδιο, τον Τοσοδούλη και τον Κουρελή στα νύχια των δαιμόνων του Γέρικου Βουνού. Και ο Σοβαρός Πλαφ... α, όσο για το Σοβαρό Πλαφ, εκείνος ιδέα δεν είχε για όλα αυτά.

Αχ, γιατί, γιατί να μην τα έχει σκεφτεί όλα αυτά πιο πριν ο Ευγένιος, και να προχωρήσει έτσι με μεγαλύτερη προφύλαξη; Γιατί να μη δώσει μεγαλύτερη σημασία στις προειδοποιήσεις του Σοφού και των κατοίκων του δάσους; Αντί γι' αυτό, εκείνος ρίχτηκε με τα μούτρα προς το άγνωστο σέρνοντας μαζί τον Τοσοδούλη και τον Κουρελή και, το χειρότερο, είχε αφήσει τους φίλους του μόνους πίσω, στα νύχια των δαιμόνων. Τώρα θυμόταν πως τη στιγμή που αποχαιρετούσε τον Τοσοδούλη ένα τσαμπί είχε πέσει από μια αγριοβατομουριά. Και ο Τοσοδούλης, έτσι λιχούδης που ήταν, σίγουρα δε θα περίμενε και πολύ για να δοκιμάσει το ζουμερό καρπό.

Ο Ευγένιος έπρεπε να βιαστεί να γυρίσει πίσω και να σώσει τους φίλους του, προτού κάποια μάγισσα πηδήσει έξω από το θάμνο και τους θάψει κάτω από τις ρίζες του για πάντα.

Καθώς έκανε όλες αυτές τις απαίσιες σκέψεις γυρίζοντας πίσω στο βουνό, ένιωσε το φόβο να τον γραπώνει στα σουβλερά του νύχια. Οι μικρές του φτερούγες σιγά σιγά έπαψαν να τον υπακούουν, όπως συνέβαινε πάντα όταν φοβόταν. Αυτό γινόταν από παλιά, όσο πιο παλιά θυμόταν, και δεν ήξερε τι να κάνει για να το σταματήσει. Χτύπησε τις φτερούγες του μπρος-πίσω όσο πιο ζωηρά μπορούσε, αλλά δεν έγινε τίποτα, έξω από μερικά πεταρίσματα, που δε βοήθησαν καθόλου. Και, πριν μπορέσει να σκαρφιστεί κάτι, ο Ευγένιος άρχισε να πέφτει· στην αρχή με μικρές βουτιές κι ύστερα ανεξέλεγκτα, με μεγάλη ταχύτητα προς το δάσος, και τσίριξε και έβαλε τις φωνές όταν είδε τις κορφές των δέντρων να πλησιάζουν γρήγορα σαν τεράστια κοφτερά νύχια.

12

Πήγε ο Ευγένιος στον Κόσμο του Φωτός
ή μήπως ονειρευόταν;

Δεν μπορούσε να ανοίξει τα μάτια του, αλλά άκουγε παράξενες φωνούλες να μιλάνε όλες μαζί. Ακουγόταν κάτι σαν βούισμα, κι αυτό τον έκανε να θυμηθεί τις διηγήσεις του Σοφού για τις όμορφες φωνές που άκουγε κανείς στον Κόσμο του Φωτός.

Έτσι γινόταν λοιπόν. Αυτό σήμαινε να πεθάνεις και να πας στον Κόσμο του Φωτός. Πάντα φανταζόταν ότι θα ήταν σαν να ταξίδευε. Ύστερα όμως θυμήθηκε τι είχε συμβεί και συνειδητοποίησε ότι, στην πραγματικότητα, ταξίδευε όταν συνέβη αυτό. Και το ταξίδι τέλειωσε έτσι. Και κατάλαβε, επίσης, ότι δε θα έβρισκε ποτέ το Παιδί. Η αναζήτηση είχε τελειώσει και έπρεπε να παραδεχτεί πως νικήθηκε.

Όλα είχαν χαθεί μόνο και μόνο επειδή είχε φανεί ηλίθιος και δεν είχε πάρει όσες προφυλάξεις έπρεπε.

Και ο Τοσοδούλης, ο Κουρελής: Ποιος θα τους έσωζε τώρα από τους δαίμονες στο Γέρικο Βουνό;

Ο Ευγένιος ήταν ένας άχρηστος. Ποτέ πριν δεν το είχε νιώσει αυτό εντονότερα όσο τώρα, που βρισκόταν εκεί πέρα ξαπλωμένος, μικρός και αβοήθητος, τριγυρισμένος από παράξενες φωνές, σ' ένα μέρος που, απ' ό,τι ήξερε, ήταν ο τελευταίος σταθμός όλων των πλασμάτων.

Ακόμα δεν μπορούσε ν' ανοίξει τα μάτια του. Κάτι βαρύ τα εμπόδιζε ν' ανοίξουν. Προσπάθησε όμως να ακούσει πιο προσεχτικά τι έλεγαν οι φωνές.

— Μ' άλλα λόγια, κατέβηκε εδώ κάτω στ' αλήθεια, εντελώς ξάφνου, ξαφνικά και απροειδοποίητα, έλεγε μια φωνή.

— Απροειδοποίητα έπεσε έτσι κατευθείαν από τον ουρανό, είπε μια άλλη.

— Κατευθείαν από τον ουρανό έπεσε με το κεφάλι πάνω στο σωρό των φύλλων, είπε μια τρίτη.

— Τύχη βουνό να πέσει πάνω στο σωρό των φύλλων, είπε μια τέταρτη φωνή, αυτή όμως ήταν τελείως διαφορετική από όλες τις προηγούμενες.

Ο Ευγένιος ποτέ του δεν είχε ξανακούσει τόσο ζεστή, όμορφη φωνή. Αλλιώς, θα είχε πάει προ πολλού στον Κόσμο του Φωτός... Παρόλο που δεν είχε ακόμα ανοίξει τα μάτια του, καταλάβαινε ότι το πλάσμα που το είχε πει αυτό είχε πάρει μια θλιμμένη έκφραση στη σκέψη μιας άλλης μοίρας. Και ο Ευγένιος ένιωσε ένα μαλακό, απαλό χέρι να πιάνει το δικό του για μια στιγμή και μετά να του χαϊδεύει το μάγουλο τόσο γλυκά, που μέσα του άναψαν φωτιές.

Δε βρισκόταν λοιπόν στον Κόσμο του Φωτός; Αλλά

πού αλλού μπορούσε να υπάρχει ένα τόσο υπέροχο πλάσμα σαν αυτό που στεκόταν πλάι του; Έπρεπε οπωσδήποτε να το δει. Σήκωσε με δυσκολία το ένα χέρι για να διώξει από τα μάτια του αυτό που τα βάραινε, όμως τότε ξέσπασε μια φασαρία.

— Ε, α στο καλό, κοιτάξτε, καλέ, κουνιέται!

— Κοιτάξτε, κουνιέται, ξυπνάει όλος κέφι και χαρά!

— Όλος κέφι και χαρά, ενώ μόλις έκανε βουτιά με το κεφάλι από εκεί ψηλά στον ουρανό!

— Από κει ψηλά στον ουρανό, για σκέψου! Κείθε πάνω!

— Βοηθήστε τον να βγάλει το κατάπλασμα από το μέτωπό του, είπε μια απαλή φωνή και άπειρα τριχωτά χέρια έβγαλαν από τα μάτια και το μέτωπο του Ευγένιου πολλές σειρές φύλλα αλειμμένα με τόνους θεραπευτικών αλοιφών. Έτριψε τα μάτια του για λίγο, γιατί το φως ήταν πολύ δυνατό. Έπειτα κοίταξε γύρω του και πρώτη φορά στη ζωή του ο Ευγένιος ήρθε μούρη με μούρη μ' ένα Μαλλιά.

Βρίσκονταν παντού ολόγυρά του. Ήταν σαν μικρές χνουδωτές μπαλίτσες με μάτια όλο γλύκα και κοκαλιάρικα χέρια και πόδια χωρίς ίχνος χνουδιού απάνω τους, έτσι που, όταν κινούνταν, ήταν σαν να στριφογύριζαν μπάλες χωρίς καθαρό περίγραμμα. Όσο για το στόμα τους, ήταν απερίγραπτο: τόσο μεγάλο, που δυο τεράστια παχιά χείλη έπιαναν το κεφάλι απ' άκρη σ' άκρη και, όταν οι Μαλλιάδες χαμογελούσαν, πράγμα που έκαναν ασταμάτητα, τα κεφάλια τους έδειχναν έτοιμα να ξεφλουδίσουν και από το άνοιγμα φάνταζε έτοιμο να πεταχτεί έξω το κρανίο.

— Γεια χαρούλα, είπε ο Ευγένιος με προφύλαξη.

— Α, καλέ, μιλάει μαλλιάδικα τούτος! φώναξε ένας Μαλλιάς μ' ένα τεράστιο χαμόγελο και αμέσως καμιά εκατοστή Μαλλιάδες ξεκαρδίστηκαν στα γέλια, τόσο που ο Ευγένιος νόμιζε ότι θα έσκαγαν.

— Για φαντάσου, μαλλιάδικα, πάει, του 'στριψε η βίδα, καλέ! Ξανά όλο το πλήθος ξέσπασε σε δυνατά γέλια με τόσο ανεξέλεγκτη χαρά, που μερικοί Μαλλιάδες έχασαν την ισορροπία τους και κατρακύλησαν ο ένας μετά τον άλλο.

— Καλώς όρισες, όμορφο πετούμενο πλάσμα, είπε ξαφνικά μια φωνή δίπλα του. Είμαι πολύ χαρούμενη που είσαι ζωντανός.

Ένα νεαρό κορίτσι τού μιλούσε. Με αστραφτερά μάτια και μια φωτεινή έκφραση στο πρόσωπο, κοίταξε τον Ευγένιο και του χαμογέλασε.

Ο Ευγένιος ποτέ στη ζωή του δεν είχε ξαναδεί τόσο γοητευτικό πλάσμα. Στεκόταν από πάνω του, με τον ήλιο να λάμπει στα χρυσαφένια της μαλλιά, που έπεφταν στους αδύνατους ώμους της, με το ασπρογάλανο φόρεμά της να πέφτει απίστευτα μαλακά στο κορμί της, που ήταν ελαφρύ σαν φύλλο. Του χάιδεψε το κεφάλι. Έπειτα του έτεινε το χέρι.

— Το όνομά μου είναι Μέρλα.

Ο Ευγένιος δεν μπόρεσε να πει τίποτε άλλο εκτός από «Ευγένιος». Βαθιά μέσα στην καρδιά του, όμως, ήξερε ότι όλα είχαν αλλάξει.

13

Στο κεφάλαιο αυτό θα μάθουμε γιατί η Μαλλιαδούπολη δεν υπάρχει στο χάρτη, πώς οι Μαλλιάδες απέκτησαν το μνημείο τους και, τέλος, για την αδυναμία του Ευγένιου να κάνει οτιδήποτε κάτω απ' αυτές τις συνθήκες

Η Μαλλιαδούπολη είναι πολύ αόριστα σημειωμένη στο χάρτη. Λες και αυτός που τον έφτιαξε δεν ήταν απολύτως σίγουρος για το πού ακριβώς βρισκόταν. Σίγουρα, την εποχή που ετοίμαζε το χάρτη είχε περάσει από την περιοχή των Μαλλιάδων και είχε βάλει τα δυνατά του να μετρήσει και να χαρτογραφήσει όλη αυτή την όμορφη έκταση γης. Θα είχε φτάσει πρωί πρωί, μαζί με όλο του τον εξοπλισμό, αλλά θα τον διέκοψαν από τη δουλειά του οι απίστευτα φιλόξενοι Μαλλιάδες, που θα τον κάλεσαν για τσάι.

Αφού θα άρχισε να βλέπει αστράκια από το πολύ τσάι, θα αποφάσισε να βγει ξανά έξω για να κάνει μερικές μετρήσεις. Τότε θα είδε όμως ότι κάποιοι Μαλλιάδες είχαν πάρει τα περισσότερα εργαλεία του εξοπλισμού του για να στήσουν μ' αυτά ένα μνημείο.

— Μα δεν έπρεπε να μου πάρετε τα εργαλεία για να φτιάξετε μνημείο, είπε κάπως ενοχλημένος ο χαρτογράφος.

— Μα, αν δεν έχουμε ένα μνημείο, δε θα ξέρουμε τι συνέβη σ' αυτό το σημείο, τίποτα δε θα θυμόμαστε αν δεν υπάρχει μνημείο γι' αυτό, κατάλαβες;

— Σωστά, ομολόγησε ο χαρτογράφος. Μα για ποιο λόγο πρέπει να υπάρχει το συγκεκριμένο μνημείο;

Οι Μαλλιάδες δεν ήξεραν τι να απαντήσουν.

— Το θέμα είναι να υπάρχει ένα μνημείο έτοιμο για την περίπτωση που θα συμβεί κάτι. Βέβαια. Είναι πολύ σπουδαίο αυτό και... τέλος καλό, όλα καλά, είπαν και το κάτω τους χείλος χτύπησε ελαφρά πάνω στη μύτη τους.

Μ' όλα αυτά, όμως, είχε έρθει η ώρα να καλέσουν το χαρτογράφο για μεσημεριανό. Πέρασαν τόσο όμορφα κουβεντιάζοντας γύρω από το μακρύ τραπέζι κάτω από τα δέντρα, που δεν τους έκανε καρδιά να σηκωθούν μέχρι την ώρα του απογευματινού τσαγιού. Όταν όμως σερβιρίστηκε το τσάι, ήταν τόσο καυτό, που ο χαρτογράφος ίσα που πρόλαβε να το κρυώσει λίγο προτού φτάσει η ώρα για το βραδινό.

Μ' αυτό τον τρόπο κύλησαν πολλοί μήνες. Κάποια στιγμή οι ομάδες διάσωσης βρήκαν το χαρτογράφο να περιπλανιέται στο δάσος σε μια κατάσταση υπέρτατης ευτυχίας, και μάλιστα αρνήθηκε να παραδεχτεί ότι ήταν χαρτογράφος και ρώταγε συνεχώς αν έφτασε η ώρα του φαγητού.

Γι' αυτό, κανείς δεν ήταν βέβαιος ποια ακριβώς έπρεπε να είναι η θέση της Μαλλιαδούπολης πάνω στο χάρτη του κόσμου. Αλλά, στο κάτω κάτω της γραφής, δεν πείραζε και τόσο, γιατί την είχαν σημειώσει σε τρία μέρη στο χάρτη. Έτσι, για πιο σίγουρα.

Ο Ευγένιος είχε πέσει πάνω σ' ένα σωρό από φύλλα, στα περίχωρα της Μαλλιαδούπολης, και αυτό του είχε σώσει τη ζωή. Οι Μαλλιάδες μάζευαν φύλλα κυρίως για το μαγείρεμά τους, αλλά ποτέ δεν τα χρησιμοποιούσαν μισά, ούτε και τίποτα άλλο χρησιμοποιούσαν κομμένο στη μέση, πάντα ολόκληρο. Γι' αυτό και ο σωρός των φύλλων όπου προσγειώθηκε ο Ευγένιος ήταν τόσο μεγάλος...

Αφού σιγουρεύτηκαν ότι δεν είχε σπάσει κανένα κόκαλο και πως μπορούσε να κινηθεί ελεύθερα, του έδωσαν να πιει ένα δροσιστικό φλιτζάνι τσάι. Εκείνος όμως ρούφαγε με λαχτάρα τη γλυκιά μυρωδιά της Μέρλα, που δεν έφευγε στιγμή από κοντά του και του μιλούσε τόσο γλυκά, τόσο απαλά, που τον πλημμύριζε μια γλυκιά χαλάρωση κάθε φορά που οι λέξεις της γλιστρούσαν στον αέρα.

Ήταν πια αργά το απόγευμα και μιλούσαν για την αγαπημένη ασχολία των Μαλλιάδων, τη μαγειρική. Ο Ευγένιος ήταν έτοιμος να τους δείξει τη συνταγή του για τηγανίτες από ψίχα φοινικόδεντρου. Συνειδητοποίησε όμως πως δεν μπορούσε να βρει πουθενά την τσάντα του και τότε θυμήθηκε τους φίλους του.

— Πρέπει να φύγω αμέσως να πάω να βρω τον Τοσοδούλη και τον Κουρελή! φώναξε, πετάχτηκε πάνω από το μακρύ τραπέζι και θέλησε να τρέξει κατευθείαν στο πυκνό δάσος.

Δεν πήγε όμως μακριά, γιατί η Μέρλα του φώναξε:

— Ευγένιε, μην πας! Δε θα μπορέσεις να βρεις μόνος σου το δρόμο!

Αυτό το κατάλαβε και ο ίδιος σχεδόν αμέσως. Μπροστά του απλωνόταν το σκοτεινό δάσος, γεμάτο παράξενα πράγματα και ψευδαισθήσεις, και ο Ευγένιος δεν είχε τίποτα στα χέρια του, ούτε το χάρτη.

Για μία ακόμη φορά, ο Ευγένιος ένιωθε ανίσχυρος. Μακάρι να τον βοηθούσε κάποιος. Αν μπορούσε να ζητήσει από κάποιον να... Όμως όχι. Δεν ήξερε πώς να ζητήσει βοήθεια. Ήταν συνηθισμένος να τα βγάζει πέρα μόνος του αφότου η μητέρα και ο πατέρας του έφυγαν από κοντά του. Κι έπειτα, δεν είχε πια και τόσο πολλά να κάνει.

Κι έτσι, στεκόταν εκεί πέρα νιώθοντας πως είναι μόνος στον κόσμο και κοίταζε ανήμπορος τα δέντρα του Γέρικου Βουνού. Το βράδυ έπεφτε αργά κι έπειτα ήρθε η νύχτα με το πηχτό και γλιστερό σκοτάδι της, που κρύβει τα δαιμονικά πλάσματα και τις φριχτές δουλειές τους. Έπρεπε λοιπόν να παραδεχτεί ότι δε θα ξανάβρισκε ποτέ τον Τοσοδούλη και τον Κουρελή. Σίγουρα, τώρα πια θα ήταν θαμμένοι και οι δυο κάτω από τις ρίζες κάποιας αγριοβατομουριάς.

— Θα έρθουμε εμείς μαζί σου. Η Μέρλα πλησίασε και έπιασε με το ένα χέρι της τον ώμο του Ευγένιου τόσο σφιχτά, που ξαφνικά όλος ο φόβος του διαλύθηκε. Γύρισε και είδε κάτι γνώριμο και ανακουφιστικό στα μάτια της. Τα είχε ξαναδεί αυτά τα μάτια, δε θυμόταν όμως πού. Και πίσω από τη Μέρλα στεκόταν όλη η ορδή των Μαλλιάδων, έτοιμοι να ξεκινήσουν την έρευνα για τον Τοσοδούλη και τον Κουρελή.

Ίσως λοιπόν ο Ευγένιος να μην ήταν τόσο μόνος.

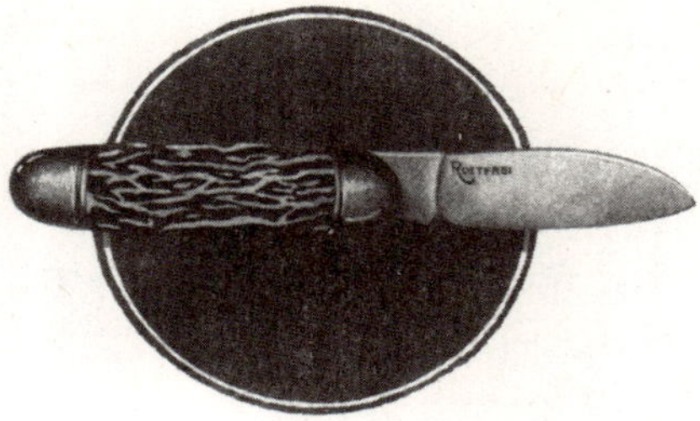

14

Η έρευνα στο Γέρικο Βουνό διακόπτεται από απρόσκλητους επισκέπτες, αλλά ο Ευγένιος, την τελευταία στιγμή, έχει μια ωραία επίσκεψη

Η Μαλλιαδούπολη βρισκόταν στα ριζά του Γέρικου Βουνού. Η Μέρλα άκουσε όλη την ιστορία της πτήσης του Ευγένιου, προσπαθώντας να καταλάβει από ποια κατεύθυνση ήρθε κι έπεσε πάνω στο σωρό των φύλλων. Κατόπιν, αποφάσισε ότι το καλύτερο που είχαν να κάνουν ήταν να ανέβουν τη δυτική πλευρά του βουνού. Μάλλον εκεί είχε αφήσει τους φίλους του πριν ξεκινήσει για τη μοιραία πτήση.

Ο Ευγένιος εξήγησε στους Μαλλιάδες τι ακριβώς έψαχναν:

— Είναι μια παλιά δερμάτινη τσάντα γεμάτη με θησαυρούς. Υπάρχει ένα ζευγάρι μάλλινες κάλτσες σε έξτρα-λαρτζ μέγεθος, ένας μεγεθυντικός φακός χωρίς το γυαλί, καρυδότοιχα, το Βιβλίο και, τέλος, ένας παγκόσμιος χάρτης. Ο Κουρελής φυλάει το Βιβλίο και ο Τοσοδούλης κρατάει το χάρτη του κόσμου.

— Ξεκάθαρη περιγραφή, ιδιαίτερα λεπτομερής, μουρμούριζαν οι Μαλλιάδες, κουνώντας τόσο έντονα το κεφάλι, που μερικοί έχασαν πάλι την ισορροπία τους και έπεσαν ανάσκελα.

— Και υπάρχει μέσα και η συνταγή για τηγανίτες από ψίχα φοινικόδεντρου, σημείωσε ο Ευγένιος και οι Μαλλιάδες τρελάθηκαν από ανυπομονησία. Α... αυτή η τσάντα ήταν σίγουρα ένα πολύ χρήσιμο αντικείμενο.

Και έτσι, ξεκίνησε η έρευνα στο Γέρικο Βουνό.

Τα μέλη της ομάδας σκορπίστηκαν στο δάσος σε κανονικά διαστήματα, με τέτοιον τρόπο ώστε ο καθένας να έχει κάθε στιγμή οπτική επαφή με τουλάχιστον άλλους δύο, σε περίπτωση που κάτι κακό έκανε ξαφνικά την εμφάνισή του. Άρχισε να πέφτει το σκοτάδι και οι φωνές των Μαλλιάδων αντηχούσαν ανάμεσα στα μισοσκότεινα δέντρα, καθώς φώναζαν μεγάλες και περίπλοκες παρατηρήσεις ο ένας στον άλλον. Όλοι γνώριζαν για τα μαγεμένα δέντρα και τις αγριοβατομουριές, ενώ η Μέρλα είχε μιλήσει στον Ευγένιο για τις συναντήσεις των Μαλλιάδων με τους Δαγκωνύχηδες.

— Οι Δαγκωνύχηδες έχουν το λημέρι τους στην άλλη πλευρά του βουνού. Κάνουν όμως σε τακτά χρονικά διαστήματα επιδρομές και κλέβουν ό,τι μπορούν να αρπάξουν τα αναποδιασμένα τα μικρόχερά τους, χωρίς να τους νοιάζει αν είναι κάτι χρήσιμο ή άχρηστο. Μερικές φορές μάλιστα... Το πρόσωπό της σοβάρεψε απότομα και αυτό δεν άρεσε καθόλου στον Ευγένιο.

— Μερικές φορές τι; τη ρώτησε με δισταγμό, γιατί κάτι του έλεγε ότι η απάντηση θα του άρεσε ακόμα λιγότερο.

— Μερικές φορές απάγουν Μαλλιάδες. Και ποτέ κανείς δεν ξανακούει κάτι γι' αυτούς.

— Μα τι τους κάνουν;

Χωρίς να απαντήσει, η Μέρλα κοίταξε με τρομαγμένο βλέμμα τους μικρούς φίλους της, που ετοιμάζονταν να στείλουν κι άλλη ομάδα έρευνας. Ήταν ολοφάνερο ότι φοβόταν μήπως σήμερα έκαναν την εμφάνισή τους Δαγκωνύχηδες. Και ο Ευγένιος ένιωσε πάλι να τον γραπώνει ο φόβος γι' αυτά τα φριχτά αρπακτικά, καθώς προχωρούσε τρεκλίζοντας κοιτώντας δεξιά κι αριστερά. Του κόπηκαν τα γόνατα και αισθάνθηκε πως δεν μπορούσε να προχωρήσει αρκετά γρήγορα, όπως όταν βλέπει κανείς ένα κακό όνειρο.

Είχε όμως και λίγη ομορφιά το όνειρο, γιατί ήταν κι η Μέρλα μέσα, δίπλα του σχεδόν. Ο Ευγένιος μπορούσε να μυρίσει το άρωμά της καθώς περπατούσαν δίπλα δίπλα στις πλαγιές του Γέρικου Βουνού. Εκείνη φορούσε ένα σκουροπράσινο μανδύα, ο οποίος ταίριαζε τόσο με τα χρώματα του δάσους, που ο Ευγένιος όλο την κρυφοκοίταζε καθώς γλιστρούσε μαλακά ανάμεσα στα δέντρα. Έλπιζε να τον κοιτάζει και εκείνη. Δεν του έριξε, άλλωστε, κάποια στιγμή μια κλεφτή ματιά όταν γύρισε το κεφάλι της και έσκυψε για να περάσει κάτω από κάτι κλαδιά;

— Στάσου! του ψιθύρισε ξαφνικά και σταμάτησε επιτόπου. Το άκουσες αυτό;

Ο Ευγένιος τέντωσε τ' αυτιά του και η μυτίτσα του τρεμούλιασε λίγο καθώς μύρισε τον αέρα. Στάθηκε ακίνητος σαν χαμένος. Τι να 'ταν αυτό που άκουγε; Κάτι σαν μακρινό θρόισμα... κι όμως, περίεργα κοντινό.

— Θρόισμα ακούω, ψιθύρισε και κατάλαβε μεμιάς ότι όλοι οι Μαλλιάδες είχαν σταματήσει να μιλάνε. Για μια στιγμή νεκρική σιγή βασίλεψε στις πλαγιές του Γέρικου Βουνού. Λες και το δάσος κρατούσε την αναπνοή του.

Και τότε ξέσπασε η κόλαση.

Από το δάσος ξεχύθηκαν ντουζίνες ολόκληρες από αυτούς.

— Δαγκωνύχηδες! τσίριξαν οι Μαλλιάδες και τα ουρλιαχτά τους είχαν τόση απελπισία, που ο Ευγένιος ένιωσε εντελώς ανίσχυρος να κάνει οτιδήποτε.

Ήταν πραγματικός εφιάλτης. Τα τρομακτικά τέρατα πήδησαν και επιτέθηκαν απ' όλες τις πλευρές σαν ξεραμένα, ροζιασμένα μαύρα κλαδιά. Ήταν φοβερό! Ένας Μαλλιάς, που τον έλεγαν Χνουδωτό, βρισκόταν πιο κοντά τους απ' όλους τους άλλους και δεν υπήρχε καμιά αμφιβολία, σχεδίαζαν να τον αρπάξουν. Δύο Δαγκωνύχηδες ανέβηκαν γρατσουνίζοντας τον κορμό ενός ψηλού δέντρου και ετοιμάστηκαν να ορμήσουν από πάνω. Οι άλλοι προσπάθησαν να αρπάξουν το Χνουδωτό, που, από τον τρόμο του, είχε γίνει ολόκληρος ένα τεράστιο ανοιχτό στόμα που ούρλιαζε.

Η Μέρλα κατάλαβε γρήγορα τι συνέβαινε. Χίμηξε να βοηθήσει το φίλο της, αφήνοντας πίσω τον Ευγένιο. Ήταν έτοιμη να πολεμήσει μ' όλη της τη δύναμη τους Δαγκωνύχηδες, όταν εκείνοι όρμησαν καταπάνω της σφυρίζοντας σαν φίδια και γρατσουνίζοντάς τη με τα νύχια τους.

— Σκίστε... Δαγκώστε... Γρα-τσου-νί-στε..., σφύριζαν πνιχτά και της τραβούσαν απότομα το φόρεμα. Κάποιος, μάλιστα, κατάφερε να της δαγκώσει τη φτέρνα κι εκείνη έχασε την ισορροπία της και έπεσε ανάσκελα. Η καημένη η Μέρλα βρέθηκε στο έδαφος κλαίγοντας και οι Δαγκωνύχηδες ήταν έτοιμοι να την αποτελειώσουν.

Ο Ευγένιος βρισκόταν λίγο μακρύτερα, πετρωμένος από το φόβο του, ανίκανος να κουνηθεί. Κατάλαβε ότι η ζωή της φίλης του κινδύνευε πραγματικά. Και δεν υπήρχε κανείς να τη βοηθήσει. Οι Μαλλιάδες το 'χαν βάλει στα πόδια και είχαν κρυφτεί, ενώ το Χνουδωτό τον είχαν κιόλας αρπάξει δυο τρομερά τέρατα, που διασκέδαζαν ζουλώντας τον με τα κρύα σαν τον πάγο δάχτυλά τους.

Μα τι να έκανε και ο Ευγένιος, ο μικρούλης ο Ευγένιος; Αυτός, που ποτέ του δεν είχε τολμήσει να φύγει μακριά από την περιοχή του και φοβόταν τα πάντα, και περισσότερο απ' όλα αυτά τα φοβερά και τρομερά πλάσματα· αυτός, που τα πόδια του έτρεμαν σαν ζελέ και τα χέρια κι οι φτερούγες του παρέλυαν κάθε φορά που ένιωθε φοβισμένος... Δε θα 'πρεπε να... ανεχτεί να παρακολουθήσει ανίσχυρος τα φοβερά αυτά γεγονότα, ελπίζοντας πως θα εμφανιζόταν κάποιος από το πουθενά και θα έσωζε την κατάσταση διώχνοντας τους Δαγκωνύχηδες και γλιτώνοντας το Χνουδωτό και τη Μέρλα απ' την καταστροφή; Κι έτσι, για άλλη μια φορά αποδείχθηκε άχρηστος, όπως ήταν πάντα. Τίποτα δεν είχε αλλάξει. Ένιωθε τα δάκρυα να κυλάνε στα μάγουλά του και δεν μπορούσε να δει καθαρά, γιατί τα χοντρά του γυαλιά είχαν θολώσει.

Αυτός ήταν ο λόγος που ο γλυκός, μικρούλης μας Ευγένιος δεν είδε το σκοτεινό πλάσμα που βγήκε πίσω από τα δέντρα, πήγε κοντά του και ψιθύρισε βουβά μαγικές λέξεις στην καρδούλα του, που έτρεμε, και τον έκανε να νιώσει όπως δεν είχε νιώσει ποτέ πριν στη ζωή του. Ήταν σαν κάποιος να μίλαγε μέσα του· σαν κάποια δύναμη να έδιωχνε το φόβο και να γέμιζε κουράγιο το μικρό του κορμάκι:

— Ευγένιε, δείξε τους τι μπορείς να κάνεις. Το ξέρεις πως η Ενέργεια είναι μαζί σου, φύλακάς σου. Δεν έχεις να φοβηθείς τίποτα. Δεν έχεις να φοβηθείς τίποτα.

Και αυτό που δεν είδε ο Ευγένιος, όμως εμείς μπορούμε να το δούμε, είναι πώς αυτό το μυστηριώδες πλάσμα τον αγκάλιασε και του χάιδευε το κεφάλι απαλά όσο εκείνος σιγά σιγά συνερχόταν και αγριοκοίταζε εκείνους τους άθλιους Δαγκωνύχηδες, που τώρα πια δεν είχαν παρά να αποτελειώσουν τα διαβολικά τους σχέδια.

Ναι, ήταν λες και ο Ευγένιος βγήκε ξαφνικά από λήθαργο. Χωρίς να το σκεφτεί, άρπαξε από τη ζώνη του τη Μις Σέφιλντ, το σουγιά του, και έκανε ένα βήμα μπροστά.

— Πίσω και σ' έφαγα! φώναξε με βροντερή φωνή, κουνώντας απειλητικά το σουγιά στη μούρη του πρώτου Δαγκωνύχη που βρήκε μπροστά του και με τέτοιον τρόπο, που η μύτη του σουγιά τρίφτηκε στην άκρη της μύτης του Δαγκωνύχη.

Το αποτέλεσμα ήταν καταπληκτικό. Αυτό, βέβαια,

που δεν ήξερε ο Ευγένιος –ίσως μόνο βαθιά μέσα του– ήταν ότι υπάρχουν μόνο δύο πράγματα που φοβούνται στη ζωή τους οι Δαγκωνύχηδες, και το ένα είναι οι σουγιάδες με το όνομα Μις Σέφιλντ.

Έτσι, ο Δαγκωνύχης παράτησε τη Μέρλα και το 'βαλε στα πόδια τσιρίζοντας. Μερικά ακόμα κουνήματα και σπρωξίματα με τη Μις Σέφιλντ ήταν αρκετά για να κάνουν και τους άλλους Δαγκωνύχηδες ν' αφήσουν τη Μέρλα από τα νύχια τους και, όταν ο Ευγένιος έδειξε στα τέρατα που κρέμονταν από πάνω του πως ήταν έτοιμος να τους μπήξει το σουγιά του, αυτά δεν περίμεναν λεπτό και πήδησαν κάτω από το δέντρο. Βιάζονταν τόσο πολύ να ξεφύγουν, που έπεσαν πάνω στ' αδέρφια τους· εκείνα έβαλαν τις φωνές τόσο δυνατά, που τρόμαξαν με τις ίδιες τους τις τσιρίδες, και πήγαν τρέχοντας να κρυφτούν πίσω από το κοντινότερο δέντρο. Ένα όμως από αυτά δεν είχε από πού να το σκάσει, γιατί ο Ευγένιος το στρίμωξε σ' ένα μεγάλο βράχο, έβαλε το σουγιά στον κοκαλιάρικο λαιμό του και είπε:

— Φροντίστε να μην ξαναδώ τις βρομόφατσές σας εδώ πέρα στη Μαλλιαδούπολη, αλλιώς θα έχετε να κάνετε μαζί μου!

Το ρυτιδιασμένο πλάσμα ήταν τόσο τρομαγμένο, που το μόνο που μπόρεσε να πει ήταν «...χοπσαλαπόπσαλα γκρρρρ...» και πήρε τέτοιο μισοκακόμοιρο ύφος, που ο Ευγένιος το λυπήθηκε.

— Φύγε και πήγαινε να το πεις αυτό στους συντρόφους σου, είπε. Έπειτα το άφησε από τα χέρια του, στάθηκε όρθιος και τίναξε το χώμα και τα χόρτα από τα ρούχα του, που είχαν γίνει χάλια – ε, ύστερα από τέτοια ηρωική πάλη, δεν μπορούσαν να είναι και όλα τέλεια!

Ο Δαγκωνύχης, που βρισκόταν στο έδαφος, κοίταξε για μια στιγμή τον Ευγένιο και δεν μπορούσε να πιστέψει ότι ήταν ελεύθερος. Κάποτε σηκώθηκε και εξαφανίστηκε ανάμεσα στα δέντρα, εκεί όπου είχε κρυφτεί όλη η παρέα του και παρακολουθούσε τα γεγονότα. Για αρκετή ώρα, και αρκετά βαθιά στο δάσος, ακουγόταν ο θόρυβος που έκαναν οι Δαγκωνύχηδες καθώς έφευγαν όπως όπως, μέχρι που όλα ησύχασαν πάλι.

— Αυτή είναι η τσάντα; Ένας από τους Μαλλιάδες έσπασε τη σιωπή.

Ήταν η τσάντα του Ευγένιου, βαλμένη όμορφα και τακτικά δίπλα σε μια γέρικη βελανιδιά· δε φαινόταν να έχει πάθει καμιά καταστροφή. Οι Μαλλιάδες, περήφανοι, την έφεραν στον Ευγένιο, που την άνοιξε γεμάτος ανυπομονησία. Μέσα στην τσάντα ήταν οι μάλλινες κάλτσες του, ο μεγεθυντικός φακός χωρίς το γυαλί, τα καρυδότοιχα και η συνταγή για τηγανίτες από ψίχα φοινικόδεντρου. Ο Κουρελής βρισκόταν κι αυτός στη θέση του, αγκαλιά με το Βιβλίο. Αλλά ο παγκόσμιος χάρτης δεν υπήρχε πουθενά. Και ο Τοσοδούλης είχε εξαφανιστεί.

15

Οι Μαλλιάδες κάθονται σκεφτικοί γύρω από τη φωτιά,
η Μέρλα και ο Ευγένιος κάνουν μια σημαντική κουβέντα
και ο φίλος μας παλεύει με τις σκέψεις του τη νύχτα

Η φωτιά έλαμπε στη μέση του ξέφωτου, σπρώχνοντας το σκοτάδι μακριά πίσω από τα δέντρα. Και ψηλά στο μεγάλο έναστρο ουρανό το φεγγάρι φώτιζε τα σκοτεινά πλάσματα του δάσους, που ασχολούνταν με τις νυχτερινές τους εργασίες. Έριχνε ένα γκρι-μπλε φως στο Λάκκο, που σερνόταν στο έδαφος του δάσους, καταπίνοντας κάθε βήχα και κάθε βρυχηθμό στο πέρασμά του. Ο Σοβαρός Πλαφ πάνω στο δέντρο ξύπνησε με το φέγγος, έτοιμος να δώσει τις πολύτιμες συμβουλές του σε όποιον του τις ζητούσε. Οι Λεξουλίτες περπατούσαν στοιχισμένοι σε προτάσεις διαφόρων μεγεθών και ανεβοκατέβαιναν στους λόφους, ενώ πίσω στην πατρίδα ο Σοφός ροχάλιζε μέσα στο λημέρι του, μες στη βελανιδιά, θεωρητικά ελεύθερος από τους φόβους του κόσμου όλου.

Οι Μαλλιάδες κάθονταν γύρω από τη φωτιά χωρίς να ξέρουν και οι ίδιοι πώς ακριβώς να νιώσουν – αυτή δεν είναι η πλήρης αλήθεια: ήταν απολύτως σίγουροι ότι ένιωθαν τα στομάχια τους μια χαρά, γιατί είχαν μόλις φάει περισσότερες από διακόσιες νοστιμότατες, ολόφρεσκες τηγανίτες από ψίχα φοινικόδεντρου... Ήταν χαρούμενοι επειδή ο Ευγένιος είχε καταφέρει με εκπληκτικό τρόπο να διώξει τους Δαγκωνύχηδες, αλλά ήταν και λυπημένοι γιατί ο ίδιος είχε χάσει έναν αγαπημένο φίλο του και κανείς δεν ήξερε πού μπορεί να βρισκόταν ο Τοσοδούλης. Αυτά και διάφορα άλλα σκέφτονταν οι Μαλλιάδες καθώς κάθονταν σιωπηλοί και κοίταζαν την εστία. Κρυφοκοίταζαν όμως και τη Μέρλα με τον Ευγένιο. Αυτοί οι δυο κάθονταν μακριά από τους άλλους, εκεί όπου η λάμψη της φωτιάς έσβηνε μέσα στο σκοτάδι. Οι Μαλλιάδες ανησυχούσαν γιατί οι δυο τους ήταν πολύ σοβαροί. Σίγουρα, δε μιλούσαν μόνο για την εξαφάνιση του Τοσοδούλη.

— Μα γιατί δεν μπορείς να μείνεις εδώ, μαζί μας; Για τους Μαλλιάδες είσαι ήρωας. Θέλουν να μείνεις εδώ... δίπλα μου, ψιθύρισε η Μέρλα πιάνοντας απαλά το χέρι του Ευγένιου.

— Εεεε... θέλεις να μείνω εδώ, μαζί σου... δηλαδή εσείς, οι Μαλλιάδες, θέλετε να μείνω; Ένιωθε την καρδιά του να χτυπάει τρελά και το πρόσωπό του να φουντώνει από μια παράξενη ζέστη.

— Ναι, είπε η Μέρλα, κοιτώντας τον ερωτηματικά μέσα στα μάτια σαν να έψαχνε κάτι να δει. Έπειτα είπε με πιο δυνατή φωνή: Είναι και λογικό να εγκατασταθείς εδώ πέρα μαζί μας, γιατί εδώ χάθηκε ο

Τοσοδούλης. Και, αν ξαναβρεθεί, το πιο πιθανό είναι να βρεθεί εδώ πάλι, στη Μαλλιαδούπολη.

— Ναι, αλλά τι θα γίνει με το Παιδί; ρώτησε ο Ευγένιος.

— Ποιο παιδί;

Η Μέρλα πήρε τέτοια έκφραση έκπληξης, που για μια στιγμή ο Ευγένιος σκέφτηκε ότι κάτι του έκρυβε. Αλλά έδιωξε αμέσως αυτή τη σκέψη. Και της μίλησε για το Παιδί. Πώς εμφανίστηκε μια ωραία μέρα στα καλά καθούμενα και έγινε ο καλύτερος φίλος του. Ο μοναδικός αληθινός του φίλος. Και πώς εμφανίστηκε ο Τοσοδούλης από την περικοκλάδα που φύλαγε το άγαλμα δίπλα στη μεγάλη καγκελόπορτα. Της είπε πως ο Σοφός είχε προφητέψει ότι το Παιδί θα εξαφανιζόταν μια μέρα και δε θα ξαναγύριζε ποτέ κοντά του και ότι εκείνος δεν τον πίστεψε. Και στο τέλος διηγήθηκε στη Μέρλα τα πάντα για εκείνη τη θλιβερή μέρα που το Παιδί εξαφανίστηκε μπροστά στα μάτια του, πάνω στο Λόφο.

— Και τώρα το ψάχνω. Και ξέρω ότι θα το βρω αν ψάξω πολύ.

Η Μέρλα κοίταξε για αρκετή ώρα τον Ευγένιο, τόσο σοβαρή που εκείνος άρχισε να νιώθει άβολα. Έπειτα φάνηκε να συνέρχεται και είπε, σχεδόν θυμωμένα:

— Δε θα το ξαναβρείς ποτέ αυτό το Παιδί, Ευγένιε. Έφυγε για πάντα, και όσο πιο γρήγορα το παραδεχτείς αυτό τόσο το καλύτερο για σένα. Και για όλους μας. Άσε που δεν έχεις πια το χάρτη, και κανείς δεν μπορεί να περάσει το δάσος χωρίς να συναντήσει δυσκολίες. Σκέψου τα αυτά.

Έσκυψε μπροστά και τον φίλησε στο μέτωπο. Ένα

χαρούμενο μουρμούρισμα ακούστηκε από την ομάδα των Μαλλιάδων. Έπειτα εκείνη σηκώθηκε και περπάτησε αργά προς το ξέφωτο όπου κοιμόταν τις νύχτες όταν ο καιρός ήταν γλυκός όπως απόψε. Γύρισε και κοίταξε για μια στιγμή τον Ευγένιο πριν χαθεί ανάμεσα στα δέντρα. Οι Μαλλιάδες, ψιθυριστά, αντάλλασσαν μεταξύ τους διάφορα σχόλια όλο νόημα και ο Ευγένιος ένιωθε τα πάντα να γυρίζουν.

Κι αν είχε δίκιο εκείνη; Αν το Παιδί είχε πράγματι χαθεί για πάντα; Κι αν έπρεπε να σταματήσει την αναζήτηση και να γίνει ο αρχηγός των Μαλλιάδων, μαζί με τη Μέρλα; Μπορούσε να φανταστεί τίποτα ωραιότερο στη ζωή του; Αυτός, που δεν είχε ποτέ του τολμήσει να πάει πουθενά ή να κάνει κάτι, τώρα είχε την ευκαιρία να γίνει ένας πραγματικός αρχηγός. Και υπήρχε και η Μέρλα. Ο Ευγένιος ποτέ στη ζωή του δεν είχε νιώσει τόσο ευτυχισμένος δίπλα σε κάποιον, παρά μόνο ίσως δίπλα στην Κίρσα, όταν ήταν ακόμα κοντά του. Κι όμως, αυτό το συναίσθημα που είχε τώρα ήταν τελείως διαφορετικό. Δε γέμιζε μόνο την καρδιά του αλλά όλο το κορμί του.

Τι θα γινόταν όμως με το Παιδί; Ήθελε να πιστεύει ακόμα ότι μπορούσε να το βρει κάπου μέσα στο δάσος. Γιατί όμως η Μέρλα ήταν τόσο σίγουρη για το αντίθετο; Μήπως ήξερε κάτι που δεν ήξερε αυτός; Γιατί είχε αντιδράσει έτσι όταν της μίλησε πρώτη φορά για το Παιδί;

Αχ, του συνέβαιναν τόσο πολλά συγχρόνως! Ο καημενούλης ο Ευγένιος αισθανόταν εντελώς μπερδεμένος καθώς καθόταν και κοίταζε τους Μαλλιάδες να ψιθυρίζουν ήρεμα γύρω από τη φωτιά.

Στο δικό της ξέφωτο, η Μέρλα είχε ξαπλώσει κάτω από μια μαγευτικά υπέροχη κουβέρτα από φύλλα, η οποία την τύλιγε τόσο όμορφα μέσα στο φεγγαρόφωτο, που ο Ευγένιος δεν κρατήθηκε και σύρθηκε κρυφά πιο κοντά. Έβλεπε πώς έλαμπε η Μέρλα από ομορφιά και θα ήθελε να μπορούσε να ξέρει καλύτερα τι να κάνει. Και, για μία ακόμη φορά, αυτό το καινούριο συναίσθημα πλημμύρισε όλο του το σώμα.

Αχ και να μπορούσε να είναι απόλυτα σίγουρος ότι το Παιδί είχε χαθεί πράγματι για πάντα· ότι δε θα το ξανάβρισκε ποτέ. Τότε, θα μπορούσε να σταματήσει την αναζήτησή του. Αλλά, μόλις αυτή η σκέψη πέρασε απ' το μυαλό του, ένιωσε κάτι διαφορετικό στην καρδιά: αφόρητη θλίψη, που τον γέμισε κι έγινε κόμπος στο λαιμό. Κι ένιωσε ότι ποτέ δε θα μπορούσε να ξεχάσει τον καλύτερο φίλο που απέκτησε ποτέ.

Μεμιάς θυμήθηκε τον Τοσοδούλη: Δε θα πρόδινε εκείνον αν έφευγε για να συνεχίσει να ψάχνει το Παιδί; Αχ, πόσο δύσκολα είχαν γίνει ξαφνικά όλα...

Δεν μπορούσε να αποφασίσει τι να κάνει. Ήταν ολοφάνερο. Και ξαφνικά, για μια πολύτιμη στιγμούλα, ο Ευγένιος αισθάνθηκε να αφήνει πίσω του όλα εκείνα τα δύσκολα προβλήματα και να γίνεται μικρός και αβοήθητος ξανά.

Ίσως αυτός ήταν ο λόγος που άλλαξαν όλα.

Απότομα κατάλαβε τι είχε γίνει σήμερα όταν ξαφνικά ένιωσε τόσο γενναίος, που οι Δαγκωνύχηδες το έβαλαν στα πόδια για να γλιτώσουν απ' αυτόν, που, ένα λεπτό πριν, δεν μπορούσε καν να κουνηθεί από το φόβο του μπροστά σ' αυτά τα τέρατα.

Καταλάβαινε τώρα ότι πρέπει να ήταν η Ενέργεια που τον είχε βοηθήσει· όταν, βέβαια, ήταν έτοιμος να δεχτεί τη βοήθειά της. Τότε ήρθε και ψιθύρισε λέξεις θάρρους στην καρδιά του. Και είχαν αποτέλεσμα. Γιατί λοιπόν να μη συμβουλευτεί και τώρα την Ενέργεια; Μήπως είχε κι άλλη επιλογή, αφού δεν μπορούσε να αποφασίσει μόνος του τι να κάνει;

Έκλεισε τα μάτια και ζήτησε από την Ενέργεια να τον βοηθήσει. Ζήτησε και από τη μητέρα και τον πατέρα του να του δώσουν καμιά καλή συμβουλή από τον Κόσμο του Φωτός. Έτσι, για να είναι σίγουρος ότι κάποιος απ' όλους θα τον άκουγε.

Ένα απαλό μουρμουρητό διέτρεξε το δάσος, σαν να μουρμούριζαν τα δέντρα-φύλακες μέσα στην αστροφεγγιά, και, σαν από ένστικτο, ο Ευγένιος άπλωσε και τα δυο χέρια ευθεία μπροστά με τις παλάμες γυρισμένες προς τα πάνω και τα δάχτυλα τεντωμένα, ενώ το πιγούνι του σημάδευε τον ουρανό. Το 'χε ξανακάνει αυτό, τώρα όμως ήξερε γιατί το έκανε.

Δε χρειάστηκε να περιμένει πολύ για κάποια απάντηση. Σαν σκιά η Ενέργεια κύλησε ανάμεσα στους μισοσκότεινους θάμνους και του ψιθύρισε απαλά πολύτιμες σκέψεις καθώς αγκάλιαζε το μικρό του κορμί. Έτσι, ο Ευγένιος ένιωσε να πλημμυρίζει από γαλήνη και πίστη ότι όλα στο τέλος θα πήγαιναν καλά. Το μόνο που είχε να κάνει ήταν να εμπιστευτεί αυτή τη φωνή που άκουγε μέσα στην καρδιά του. Και ένιωσε ότι την εμπιστευόταν: την Ενέργεια, που του μιλούσε.

16

Στο κεφάλαιο αυτό γίνονται τα αποκαλυπτήρια του μνημείου,
αλλά και τα αποκαλυπτήρια του μυστικού για τη Μέρλα,
τον Ευγένιο, την Κίρσα και τον Κουρελή, άρα
να το διαβάσεις με μεγάλη προσοχή

Όταν η Μέρλα ξύπνησε το επόμενο πρωί, ο Ευγένιος στεκόταν δίπλα στο μνημείο έτοιμος να ξεκινήσει. Κατάλαβε ότι εκείνος δε θα υποχωρούσε και δεν προσπάθησε να τον κάνει να αλλάξει γνώμη. Είχε διαβλέψει ότι θα ακολουθούσε αυτό που πίστευε βαθιά μέσα του. Και δεν ήθελε να αρχίσει να διαφωνεί μαζί του πάνω σ' αυτό το θέμα.

Αποφάσισε να τον ακολουθήσει μέχρι την άκρη της Μαλλιαδούπολης· οι υπόλοιποι Μαλλιάδες τον αποχαιρέτησαν, δίπλα στο μνημείο. Ήταν τόσο στενοχωρημένοι, που ο Ευγένιος δεν μπορούσε καλά καλά να δει τα πρόσωπά τους καθώς ψέλλιζαν αποχαιρετισμούς και ευχαριστίες για τη γενναιότητα που είχε δείξει στην Τελευταία Μάχη με τους Δαγκωνύχηδες, μάχη που είχε ήδη καταχωριστεί στα μπερδεμένα αρχεία της ιστορίας των Μαλλιάδων ως το πιο σημαντικό γεγονός όλων των εποχών. Μερικοί, μάλιστα, ήθελαν να ονομάσουν τη μάχη αυτή «Πόλεμο που τελείωσε όλους τους πολέμους», αλλά ο ναύαρχος Γουναράς δε σήκωνε κουβέντα πάνω στο θέμα. Είπε ότι θ' ανέτελλε μια καινούρια μέρα. Κανένας δεν κατάλαβε τι εννοούσε μ' αυτό, πάντως στο τέλος έγινε το δικό του.

Τα πρόσωπα των Μαλλιάδων δε φωτίστηκαν παρά μόνο όταν ο Πρεσβύτερος Μαλλιάς διάβασε δυνατά ένα ολοκαίνουριο θέσπισμα της Γερουσίας από ένα μεγάλο φύλλο:

Για την
καθ' όλα εξαιρετική αυτή περίσταση
της συγκέντρωσής μας εδώ γίνεται αναγγελία
με θέσπισμα, χωρίς ειδοποίηση και δισταγμό κανέναν,
πως το μνημείο τούτο δω θα αποκαλυφθεί για τον καθέναν.
Και ας έχουμε όλοι πάντα κατά νου ότι το μνημείο
χτίστηκε για να θυμίζει τη μεγάλη χθεσινή
νίκη του Ευγένιου.

(Μετάφραση από τα μαλλιάδικα: Θ. Θ.)

Όλοι άρχισαν να χειροκροτάνε σαν τρελοί. Και σταμάτησαν μόνο όταν έγινε ξεκάθαρο ότι μπορούσαν να τελεστούν τα αποκαλυπτήρια του μνημείου. Το μνημείο το είχαν καλύψει μ' ένα πέπλο σε σχήμα φύλλου, φτιαγμένο όλο από ζάχαρη με γεύση καραμέλας, και τώρα πια το χαρούμενο μουρμούρισμα των

Μαλλιάδων μετατράπηκε σε μασουλήματα και γλειψίματα όλο λαιμαργία.

Όταν, επιτέλους, έγλειψαν απ' όλες τις πλευρές και το τελευταίο ίχνος του ζαχαρένιου πέπλου, με φωνές φουσκωμένες από τα ρεψίματα άρχισαν να μιλάνε με θαυμασμό γι' αυτό το μεγάλο έργο τέχνης, λέγοντας ότι ήταν πολύ λεπτή χειρονομία να το αφιερώσουν στον Ευγένιο, άσε που του έμοιαζε καταπληκτικά αν το κοίταζες από μια συγκεκριμένη γωνία.

Όταν όμως πήγαν να το αποδείξουν αυτό, συγκρίνοντας το σχήμα του μνημείου με το πρόσωπο του Ευγένιου, εκείνος και η Μέρλα είχαν ήδη φτάσει στην άκρη της Μαλλιαδούπολης. Ήθελαν να είναι μόνοι οι δυο τους για να αποχαιρετιστούν.

— Πριν φύγεις, πρέπει να σου πω κάτι.

Η Μέρλα κοίταξε τον Ευγένιο βαθιά μέσα στα μάτια και εκείνος ένιωσε πάλι σαν να τη γνώριζε από καιρό πριν. Πολύ καιρό πριν.

Εκείνη συνέχισε διστακτικά:

— Είδα... είδα ένα παιδί. Εδώ και μερικές μέρες.

— Είδες το Παιδί;

— Παίζαμε στο μεγάλο ξέφωτο, όταν το είδα ξαφνικά να κάθεται κάτω από το μνημείο.

Στη σκέψη ότι το Παιδί βρισκόταν τόσο κοντά, η καρδιά του Ευγένιου αναπήδησε από αγάπη και χαρά.

— Μόνο εγώ το είδα, συνέχισε η Μέρλα. Και με ρώτησε...

— Μα... Μέρλα, την έκοψε ξαφνικά ο Ευγένιος με βαρύ ύφος. Γιατί δε μου το είπες πιο πριν ότι είχες δει το Παιδί; Η φωνή του Ευγένιου δεν ήταν πια τρυφερή. Τώρα ήταν θυμωμένος. Μου είπες ότι το Παιδί είχε χαθεί για πάντα! Μόλο που εσύ το είχες δει. Μου είπες ψέματα!

— Αγαπημένε μου Ευγένιε... Συγχώρεσέ με, σε παρακαλώ. Ξέρω ότι ήταν πολύ άσχημο εκ μέρους μου να σου πω ψέματα, αλλά ήθελα τόσο πολύ να σε κρατήσω κοντά μας. Ήξερα όμως ότι η Ενέργεια θα απαντούσε στα ερωτήματά σου και πως δεν μπορούσα να κάνω κάτι για να το αλλάξω αυτό. Θα με συγχωρήσεις, αγαπημένε μου Ευγένιε;

Ο Ευγένιος κατάλαβε τι εννοούσε η Μέρλα. Είχε κι ο ίδιος συχνά προσπαθήσει με μικρά αθώα ψέματα να οδηγήσει τα πράγματα όπου ήθελε, αλλά δεν είχε καταφέρει πολλά. Έτσι, του φάνηκε εύκολο να τη συγχωρήσει. Τόσο μεγάλη επιρροή είχε πάνω του. Αυτό που είχε τώρα σημασία ήταν ότι εκείνη είχε δει το Παιδί. Στα σίγουρα. Άρα, ήταν ακόμα στο δάσος. Και τον έψαχνε. Είχε λοιπόν πάρει τη σωστή απόφαση. Με τη βοήθεια της Ενέργειας.

— Σ' ευχαριστώ που μου είπες για το Παιδί, είπε ο Ευγένιος δίνοντάς της το χέρι.

— Θα ήθελα να σου ζητήσω να μου δώσεις κάτι που έχεις μέσα στην τσάντα σου, είπε η Μέρλα.

— Διάλεξε ό,τι θέλεις.

— Θ' αφήσεις τον Κουρελή να μείνει μαζί μου;

Τον Κουρελή; Ο Ευγένιος περίμενε να του ζητήσει η Μέρλα οτιδήποτε άλλο εκτός από την παλιά πάνινη κούκλα που κάποτε ανήκε στην... Κίρσα! Ένιωσε την καρδιά του να παγώνει στο στήθος του. Λες να συνέβαινε στ' αλήθεια κάτι τέτοιο; Αυτά τα μάτια...

Καλά τα αναγνώρισε λοιπόν αυτά τα μάτια! Ίσως να 'ταν αλήθεια, τελικά, ότι η Κίρσα είχε αναλάβει μια σπουδαία αποστολή για λογαριασμό της Ενέργειας. Όσο λιγότερα ανέφερε για το θέμα τόσο καλύτερα. Έτσι κι αλλιώς, ήταν αδύνατον να καταλάβει τι ακριβώς συνέβαινε με την Ενέργεια. Άλλωστε, και η ίδια η Μέρλα δεν υποψιαζόταν τίποτα απ' όλα αυτά, γιατί, σύμφωνα με το μύθο, όλη η προηγούμενη ζωή της είχε σβηστεί από τη μνήμη της.

Κι όμως.

Ο Ευγένιος έβγαλε τον Κουρελή από την τσάντα χωρίς να πει λέξη και τον έδωσε στη Μέρλα. Κι εκείνη τον έβαλε στο λαιμό της και τον έσφιξε κλείνοντας τα μάτια, όπως ακριβώς συνήθιζε να κάνει η Κίρσα. Έπειτα κοίταξε με χαμόγελο τον Ευγένιο.

— Και μάλλον θα πρέπει να δώσεις αυτό στους Μαλλιάδες, είπε εκείνος δίνοντάς της το χαρτί με τη συνταγή για τηγανίτες από ψίχα φοινικόδεντρου.

— Ευχαριστώ. Δε θα σε ξεχάσουν ποτέ. Να 'σαι σίγουρος γι' αυτό. Κανείς μας δε θα σε ξεχάσει.

Κοιτάχτηκαν για τελευταία φορά στα μάτια και έπειτα αγκαλιάστηκαν κι έμειναν έτσι για πολλή ώρα, τόση που το μικρό πλάσμα που τους κοίταζε από ένα κοντινό δέντρο νόμιζε πως αυτό το αγκάλιασμα δε θα τελείωνε ποτέ.

— Πολλή ώρα παίρνει, μουρμούρισε μια φωνή από το δέντρο, πάρα πολλή ώρα.

Αλλά ούτε ο Ευγένιος ούτε η Μέρλα άκουσαν τίποτα. Αποχαιρετιόνταν κι εκείνη τη στιγμή τίποτε άλλο δεν υπήρχε γι' αυτούς στον κόσμο. Κάποια στιγμή χωρίστηκαν, για ένα δευτερόλεπτο τα δάχτυλά τους αγγίχτηκαν και έπειτα ο Ευγένιος απομακρύνθηκε σιωπηλά μέσα στο δάσος.

— Τελικά, υπάρχει λόγος που δε σου μίλησα από την αρχή..., του φώναξε η Μέρλα λίγο πριν εκείνος εξαφανιστεί ανάμεσα στα δέντρα.

Ο Ευγένιος γύρισε προς το μέρος της. Εκείνος δεν έβλεπε κανένα λόγο. Αλλά οτιδήποτε του έδινε κι άλλες αναμνήσεις από τη Μέρλα ήταν για κείνον πολύτιμος θησαυρός.

— Δεν είμαι σίγουρη ότι το Παιδί έψαχνε για σένα.

Ο Ευγένιος έμεινε κατάπληκτος. Μήπως, τελικά, ήταν κάποιο άλλο παιδί; Που έψαχνε κάποιον εντελώς διαφορετικό απ' αυτόν; Εξάλλου, ο Σοφός τού είχε πει ότι ήταν πολλά τα παιδιά που είχαν εξαφανιστεί. Τι ηλίθιος που ήταν να φανταστεί ότι εκείνο το παιδί ήταν το παιδί που έψαχνε αυτός!

— Μήπως... μήπως το Παιδί ζήταγε... ειδικά κάποιον;

— Ναι, είπε η Μέρλα.

— Ποιον; Ο Ευγένιος δεν ήταν σίγουρος ότι ήθελε να ακούσει την απάντηση.

— Έψαχνε κάποιον που τον έλεγε Μπόμπο.

17

Μια αναπάντεχη και χαρούμενη συνάντηση,
που κατέληξε δίπλα στη φωτιά, και μια σπηλιά
που δε θα έπρεπε ποτέ να βρεθεί κανονικά

Όλοι μας πήραμε χαμπάρι το πλασματάκι στο δέντρο που παρακολουθούσε ανυπόμονα τους αποχαιρετισμούς του Ευγένιου και της Μέρλα. Το είδαμε να κάθεται και να μουρμουρίζει πάνω στο κλαδί του. Μόνο ο Ευγένιος δεν κατάλαβε τίποτα. Ήταν τόσο απασχολημένος και τα πόδια του έτρεμαν τόσο πολύ όταν άκουσε για το Παιδί, που ούτε καν κατάλαβε ότι κάποιος γλίστρησε μαλακά από το κλαδί του δέντρου, καθώς εκείνος περνούσε από κάτω, και κάθισε στον ώμο του.

Ο Ευγένιος βιαζόταν να προχωρήσει παρόλο που δεν είχε χάρτη στα χέρια του και, μόνο αφού περιπλανήθηκε άσκοπα επί ώρες ανάμεσα σε δύσοσμους βάλτους και αφού μπλέχτηκε πολλές φορές μέσα σε πράσινα βαλτόνερα και αναρριχώμενα φυτά, αποφάσισε στο τέλος να καθίσει κάπου να ξεκουραστεί για λίγο. Μόνο τότε αντιλήφθηκε ότι κάποιος μουρμούριζε ακριβώς δίπλα του. Για την ακρίβεια, μέσα στο αυτί του. Και μάλιστα, από τον ώμο του. Ένα γνώριμο μουρμούρισμα, που τον έκανε να νιώσει απίστευτα ευτυχισμένος. Ο Ευγένιος γύρισε και κοίταξε με προφύλαξη στο πλάι, σαν να φοβόταν πως ήταν κάποιο πνεύμα που θα εξαφανιζόταν αν δεν πρόσεχε.

— Αμφιβολία καμιά, είπε ο Τοσοδούλης, που καθόταν στητός στην παλιά του θέση και ερευνούσε τη γύρω περιοχή με το χάρτη του κόσμου τυλιγμένο σαν τηλεσκόπιο. Μια ματιά στο χάρτη τώρα!

Μα τι γινόταν; Τι είχε συμβεί στον Τοσοδούλη; Πώς τα είχε καταφέρει να σωθεί και είχε και το χάρτη ανέπαφο;

Θα περνούσαν πολλά χρόνια μέχρι να καταφέρει ο Ευγένιος να συνδέσει σωστά όλα τα κομμάτια των μπερδεμένων διηγήσεων του Τοσοδούλη σχετικά με το τι συνέβη πάνω στο Γέρικο Βουνό. Είχε όμως και πολλά άλλα να σκεφτεί την ίδια ώρα. Έχοντας κατά νου τι είχε πει η Μέρλα για το Παιδί, ο Ευγένιος είχε πιστέψει ξανά πως εκείνο ήταν κάπου στο δάσος και ότι θα το ξανάβρισκε. Για μία ακόμη φορά, ήταν αισιόδοξος ότι θα ερχόταν η μέρα που θα ξανασυναντούσε τον καλύτερό του φίλο και θα τον έπαιρνε μαζί του πίσω στην πατρίδα για ένα φλιτζάνι ζεστή κυριακάτικη σοκολάτα με τον Τοσοδούλη. Όπως τον παλιό καλό καιρό.

Όμως, τα χρόνια πέρασαν και ο Ευγένιος ποτέ δε συνάντησε κάποιον που να 'χε δει το Παιδί. Ούτε και κανέναν που να προσποιήθηκε ότι το είδε. Σχεδόν νοσταλγούσε το Σοβαρό Πλαφ και τις οδηγίες του...

Ένα βράδυ, ωστόσο, στην αρχή του χειμώνα, ο Ευγένιος αποφάσισε να ξεκαθαρίσει μια για πάντα τα γεγονότα που συνέβησαν στο Γέρικο Βουνό.

— Λοιπόν, φιλαράκο. Για ξαναπές τα μου όλα ακόμα μια φορά, είπε ο Ευγένιος και πλησίασε κοντύτερα στη φωτιά, που τριζοβολούσε και σφύριζε όταν έπεφταν πάνω οι νιφάδες του χιονιού.

Οι ταξιδιώτες κάθονταν στο στόμιο μιας μικρής σπηλιάς που είχε ξαφνικά εμφανιστεί μπροστά τους, ενώ έψαχναν κάπου να απαγκιάσουν για τη νύχτα, και τους είχε φανεί καλό καταφύγιο. Ο Ευγένιος βρήκε, μάλιστα, και λίγα στεγνά κλαδιά στο άνοιγμα της σπηλιάς, έτσι τώρα η φωτιά έλαμπε μπροστά τους. Ο Ευγένιος είχε μάθει πια να ανάβει φωτιά κάτω από οποιεσδήποτε συνθήκες.

— ...αλλά βοηθάει λίγο να βρεις και στεγνά ξύλα, είπε καυχησιάρικα στον Τοσοδούλη καθώς έκανε τα ξύλα να δώσουν φλόγα.

Στην πραγματικότητα, ο ίδιος ο Ευγένιος δεν είχε αντιληφθεί πόσα νέα πράγματα είχε μάθει. Από την πρώτη μέρα του ταξιδιού, και ειδικά μετά την παραμονή του στη Μαλλιαδούπολη, είχε γίνει ο πιο επιδέξιος κάτοικος του δάσους. Είχε μάθει πώς να αντιμετωπίζει καινούριες καταστάσεις χωρίς να απελπίζεται. Μπορούσε να καταλάβει την παραμικρή αλλαγή του καιρού ακούγοντας τον άνεμο και μυρίζοντας τον αέρα για να μετρήσει την υγρασία. Μπορούσε να φτιάχνει καταφύγια από κάθε είδους ξύλο, κι έτσι οι χειμώνες έγιναν πιο εύκολοι. Μπορούσε να ετοιμάσει ένα καλό γεύμα από τα πιο περίεργα υλικά, κι έτσι ποτέ δεν του έλειπε η τροφή. Τελευταία, μάλιστα, αυτά που μαγείρευε ήταν τόσο τρελά, που ο Τοσοδούλης είχε τη γνώμη ότι ο Ευγένιος το παρατραβούσε. Τουλάχιστον μια φορά, αρνήθηκε ορθά-κοφτά να φάει το φαγητό του. Δεν μπορούσε να πιστέψει πως οι τσουκνίδες και τα μαμούνια ήταν τα σωστά υλικά για να φτιάξεις σούπα.

Πάντως, το πιο σημαντικό απ' όλα, καθώς ο καιρός περνούσε και η έρευνα για το Παιδί τραβούσε σε μάκρος, ήταν ότι ο Ευγένιος τώρα πια ένιωθε καλύτερα και βαθύτερα τη μαγεία του δάσους. Η αναζήτηση για το Παιδί τον βοήθησε να ακονίσει τις αισθήσεις του, έτσι που δεν άκουγε πια μόνο τον ήχο της αναπνοής του αλλά και την αναπνοή του δάσους. Της ζωής της ίδιας. Και αυτό έγινε χωρίς εκείνος να το σκεφτεί διόλου. Αν και, όπως θα φανεί αργότερα, κάτω από πολύ ειδικές συνθήκες θα το αναλογιζόταν.

— Λοιπόν, για να τα ξαναπάρουμε από την αρχή τα πράγματα. Για να σιγουρευτούμε ότι τα κατάλαβα όλα σωστά. Αυτή τη φορά, ο Ευγένιος ήταν αποφασισμένος να φτάσει μέχρι το τέλος της διήγησης του Τοσοδούλη, αλλά, για να το πετύχει αυτό, του χρειάζονταν τα τελευταία κομμάτια.

Ο Τοσοδούλης ετοιμάστηκε ν' ακούσει και πήρε το περισπούδαστο ύφος που έπαιρνε κάθε φορά που έτρωγε ένα καρύδι πολύ μεγάλο για την αφεντιά του.

— Εγώ λοιπόν έφυγα για την αναγνωριστική μου πτήση κι εσύ με είδες να εξαφανίζομαι ανάμεσα στα δέντρα...

— Πολύ... σωστά, συμφώνησε ο Τοσοδούλης.

— Και μετά σε πήρε ο ύπνος.

— Αυτό ακριβώς έγινε, είπε ο Τοσοδούλης κουνώντας τα φρύδια του. Σίγουρα, δεν ήθελε να χάσει ούτε λέξη από την ιστορία.

— Έπειτα ονειρεύτηκες τους Λεξουλίτες, που σε προειδοποίησαν για... για κάτι φαγώσιμο;

— Τους Λεξουλίτες; Α! Ναι. «Μη... φας... μη... φας... μη... μη... φας», έλεγαν. Και άλλα πολλά. Ο Τοσοδούλης ήταν ασυνήθιστα φλύαρος απόψε.

— Και, γι' αυτό, αντί να φας τα μαγεμένα φρούτα από το τσαμπί που ξάφνου βρέθηκε δίπλα σου, εσύ έφαγες... τι;

Ο Τοσοδούλης αποτελείωσε με το πάσο του το κομμάτι του καρυδιού που είχε στο στόμα του. Έπειτα κούνησε το κεφάλι του.

— Όοοχι. Μόνο στο όνειρο. Τα έφαγα... στο όνειρο μέσα. Έτσι; Όμως δε φαινόταν και πολύ σίγουρος γι' αυτό.

— Αλλά βγήκε μια μάγισσα από το θάμνο μέσα, έτσι δεν είναι;

— Ουουου, καθόλου καλό, είπε ο Τοσοδούλης φτύνοντας κάτι.

— Αλλά εσύ δεν την είδες αμέσως, είδες μόνο τη σκιά που σε σήκωσε. Και, επειδή δεν ήξερες τι ήταν αυτό που ήρθε να σε σώσει, εσύ πάλεψες, εκείνο σε έριξε κάτω, σ' άρπαξε η μάγισσα και θα σε είχε θάψει βαθιά κάτω από το θάμνο αν η σκιά δεν έφτανε πρώτη στη ρίζα και δεν την έχωνε ξανά μέσα στο θάμνο;

— Άλλο; είπε ο Τοσοδούλης δείχνοντας το σωρό με τα καρύδια μπροστά του, που μίκραινε ολοένα. Θα έλεγες ότι δεν τον έκοφτε και τόσο να διηγηθεί τα γεγονότα του Γέρικου Βουνού.

— Όμως, γιατί δε σε βρήκαμε μέσα στην τσάντα; Πού σε πήγανε; Ο Ευγένιος είχε αρχίσει να χάνει την υπομονή του.

Καμία απάντηση.

— Πώς έγινε και βρέθηκες στην άλλη άκρη της Μαλλιαδούπολης με το χάρτη στο χέρι σου, πάνω στο κλαδί ενώ εγώ τυχαία περνούσα από κάτω;

Ο Ευγένιος χρησιμοποίησε τις λέξεις «τυχαία περνούσα από κάτω» αντί να πει ότι έφευγε από τη Μαλλιαδούπολη, που ήταν και το σωστό. Και αυτό γιατί δεν ήθελε να μάθει ο Τοσοδούλης ότι αποφάσισε να φύγει χωρίς πρώτα να τον έχει βρει. Αυτό ήταν ένα «άκακο ψέμα».

Καμία απάντηση.

— Πώς ήταν αυτή η σκιά; Σου είπε ποιος ήταν;

— Το τελευταίο τώρα, είπε ο Τοσοδούλης και έδειξε το μοναδικό καρύδι που είχε απομείνει.

— Πάρ' το εσύ, είπε ο Ευγένιος.

— Σ' ευχαριστώ, Ευγένιε, είπε ο Τοσοδούλης.

Μετά έπεσε σιωπή. Στο μεταξύ, το σκοτάδι όλο και πλησίαζε τη φωτιά και τις δύο ψυχούλες, που το μυαλό τους δούλευε πυρετωδώς, τόσο που το κεφάλι τους έκανε «κρακ» από την πολλή σκέψη. Εκτός κι αν ήταν το τελευταίο καρύδι, που έσπαγε ανάμεσα σε κάτι μικρούτσικα δοντάκια...

Ο Ευγένιος καταλάβαινε ότι δεν έπρεπε να περιμένει πια άλλη απάντηση. Η ανεξήγητη διάσωση του Τοσοδούλη είχε κάποια σχέση με την Ενέργεια. Ποιος να ξέρει, μάλιστα, μήπως είχε και κάποια σχέση με τη μητέρα και τον πατέρα του, στον Κόσμο του Φωτός. Μερικά πράγματα δεν είναι για να τα καταλαβαίνουν τα μικρούλικα πλασματάκια. Και, αντί να προσπαθήσουν να τα καταλάβουν, θα πρέπει απλώς να έχουν εμπιστοσύνη στην Ενέργεια και να πιστεύουν ότι στο τέλος όλα θα πάνε καλά.

Όμως, τις δύσκολες μέρες που θα έρχονταν ο Ευγένιος δύσκολα θα πίστευε ότι τα πράγματα βρίσκονταν στο σωστό δρόμο. Ήταν ολοφάνερο ότι ούτε εκείνος ούτε ο Τοσοδούλης είχαν την παραμικρή υποψία τι τους περίμενε, γιατί τους κυρίεψε ένας γλυκύτατος ύπνος κάτω από τη ζωηρόχρωμη κουβέρτα που ο Τοσοδούλης είχε βρει καλοδιπλωμένη στο στόμιο της σπηλιάς. Ο Ευγένιος ακούμπησε το κεφάλι στην τσάντα του, με τον Τοσοδούλη κουλουριασμένο στο λαιμό του.

18

Αυτό το κεφάλαιο είναι φοβερά τρομακτικό και είναι απολύτως απαραίτητο να έχετε δίπλα σας κάποιον με γερά νεύρα

Ο Ευγένιος ξύπνησε αναπηδώντας και προσπάθησε να δει μέσα στο σκοτάδι. Αν και το μυαλό του κοιμόταν ακόμα, μπόρεσε να νιώσει ότι κάτι κακό γέμιζε τον αέρα. Εκείνο το παλιό συναίσθημα ότι παρέλυε από το φόβο πήγε να τον ξαναγραπώσει, αλλά το τίναξε από πάνω του. Ο Ευγένιος δεν ήταν όπως παλιά. Τώρα δεν άφηνε εύκολα τις καταστάσεις να διώξουν το κουράγιο του. Προσπάθησε να σκεφτεί λογικά.

Κάτι τον χτύπησε στο πρόσωπο. Κάτι σαν νυχτερίδα, που τον χτύπησε και εξαφανίστηκε ουρλιάζοντας ανάμεσα στα δέντρα. Ή μήπως είχε έρθει απ' έξω πετώντας μέσα στη σπηλιά; Τι σόι σπηλιά ήταν, άλλωστε, τούτη δω; Τι έδειχνε ο χάρτης;

Τα μάτια του Ευγένιου έλαμπαν έντονα πίσω από τους χοντρούς φακούς του. Βασίλευε απόλυτη σιωπή. Κοίταξε τον Τοσοδούλη. Έβλεπε μόνο αχνά τη σιλουέτα του καθώς κοιμόταν δίπλα του, σφίγγοντας το μικρό του δαχτυλάκι. Έβαλε προσεκτικά το χέρι του πάνω στο κεφαλάκι του φίλου του. Μήπως ο Ευγένιος είχε δει κι αυτός κάποιο όνειρο, και μάλιστα όχι πολύ καλό; Ή μήπως ξαφνικά είχε αρχίσει να φαντάζεται διάφορα;

Για πολλή ώρα κοίταξε με προφύλαξη έξω από τη σπηλιά, μέσα στο σκοτάδι. Ένιωθε σαν κάτι να τον κοιτάει από την άλλη πλευρά, κι έτσι γύρισε προς τα κει, και μετά ξανακοίταξε προς τα έξω. Τι συνέβαινε έξω; Έβλεπε... ναι, μπορούσε να δει κάτι κοκαλιάρικα σώματα στο φόντο του νυχτερινού ουρανού. Στέκονταν εκεί πέρα, ντουζίνες ολόκληρες, χωρίς να κουνιούνται καθόλου. Ή μήπως ήταν μόνο τα δέντρα κάτω από το φρέσκο χιόνι; Όχι, τώρα είδε ένα από αυτά να κουνιέται. Δεν υπήρχε αμφιβολία. Απ' έξω στέκονταν κάτι ισχνά βρομιάρικα πλάσματα που κοίταζαν εντατικά το εσωτερικό της σπηλιάς. Ή μήπως χιόνιζε κι έπεφταν μαύρες νιφάδες; Και... τι... τι ήταν αυτό που ακουγόταν, τραγούδι; Ένας γλυκόλαλος ήχος, σαν χορωδία, ερχόταν απ' αυτή τη θλιβερή σύναξη.

Μεμιάς ο Ευγένιος ένιωσε να δυσκολεύει η αναπνοή του. Ο αέρας μέσα στη σπηλιά, που πριν ήταν φρέσκος και δροσερός, τώρα ήταν αποπνικτικός. Αηδιαστικά αέρια ρουφούσαν όλη τη δύναμη του Ευγένιου, που ήταν ολότελα ξύπνιος, αλλά μουδιασμένος. Και το παράξενο αυτό μούδιασμα μεγάλωνε καθώς δυνάμωνε το τραγούδι. Ο Ευγένιος σκούντησε τον Τοσοδούλη, αλλά εκείνος δεν ξύπνησε. Τότε άκουσε το τραγούδι να δυναμώνει κι άλλο και τα πλάσματα πλησίασαν λίγο ακόμα. Αυτά που ήταν στην μπροστινή σειρά βρέθηκαν μέσα στη σπηλιά.

Ξαφνικά ο Ευγένιος κατάλαβε. Τα πλάσματα αυτά ήταν Ακαδήμονες!

Ήταν συνηθισμένο πρόβλημα σε όλα τα δάση του κόσμου και μπορούσαν να πάρουν όποια μορφή ήθελαν. Χαρακτηρίζονταν ως ιδιαίτερα επικίνδυνα, ερευνητικά και φαντασιόπληκτα πλάσματα, που ζούσαν πάρα πολλά χρόνια, αφού διέθεταν μεγάλη αντοχή.

Μα πώς δεν το κατάλαβε ο Ευγένιος αμέσως; Κάποτε ο Σοφός τού είχε διαβάσει την ιστορία για το πώς οι Ακαδήμονες στριμώχνονταν μέσα στις σπηλιές τους το φθινόπωρο και περνούσαν τους χειμώνες ρουφώντας ενέργεια από όποιον κατόρθωναν να τραβήξουν εκεί μέσα. Και, φυσικά, πέτυχαν λαβράκι με τον Ευγένιο και τον Τοσοδούλη, που περνούσαν ψάχνοντας κάπου να σταματήσουν για τη νύχτα. Η φωτιά τράβηξε τους ταξιδιώτες ν' απαγκιάσουν εκεί και οι κουβέρτες που τους περίμεναν τους βύθισαν σε ύπνο βαθύ, διευκολύνοντας έτσι εκείνες τις γλυκόλαλες ρουφήχτρες ενέργειας να κάνουν τα μαγικά τους.

Ενώ ο Ευγένιος έκανε διάφορες, όχι ευχάριστες, σκέψεις, άνοιξε φευγαλέα την τσάντα του μέσα στο σκοτάδι, έχωσε μέσα το χέρι του στο μυστικό τσεπάκι και πήρε δυο καρυδότοιχα. Έβαλε ένα στο στόμα του και έσπασε ένα κομματάκι από το άλλο και το έβαλε στο στόμα του Τοσοδούλη. Έπρεπε να σωθούν και οι δυο προτού να είναι αργά. Όμως, ο Τοσοδούλης δεν έλεγε να ξυπνήσει ούτε να φάει άλλα καρύδια. Ο

Ευγένιος προσπάθησε να διαλύσει το κομμάτι από το καρύδι μέσα στο στόμα του κοιμισμένου του φίλου, αλλά ο Τοσοδούλης το έφτυσε μέσα στον ύπνο του.

— Αχ, πρέπει να το φας! ψιθύρισε ο Ευγένιος όσο πιο δυνατά τολμούσε. Δεν έπρεπε να καταλάβουν οι Ακαδήμονες ότι είχε κάτι μαγικό για να προστατευτεί απ' αυτούς. Καλέ μου Τοσοδούλη, φάε ένα ψιχουλάκι μόνο!

Όμως, ο Τοσοδούλης δεν έπαιρνε χαμπάρι. Ο Ευγένιος άρχισε να τον ταρακουνάει για να τον ξυπνήσει, αλλά τα ξόρκια είχαν ήδη ρουφήξει όλη του τη δύναμη, έτσι που ούτε να παραπονεθεί δεν μπορούσε για το ταρακούνημα. Κειτόταν εκεί ξαπλωμένος, χωρίς να κουνιέται, σαν μέδουσα που την έχει ξεβράσει η θάλασσα στην άμμο. Έσφιξε όμως λίγο δυνατότερα το μικρό δαχτυλάκι του Ευγένιου, λες και τον παρακαλούσε να τον προσέχει.

Το τραγούδι δυνάμωνε και τώρα πια όλη η χορωδία βρισκόταν μέσα στη σπηλιά. Ήταν φανερό ότι οι Ακαδήμονες δυνάμωναν ολοένα και περισσότερο κάθε στιγμή που περνούσε και η ενέργεια έφευγε από τον Ευγένιο και τον Τοσοδούλη και πήγαινε σ' εκείνους. Δεν υπήρχε καιρός για χάσιμο. Πριν το καταλάβουν, θα έφευγε από μέσα τους και το τελευταίο ίχνος ζωής και το μόνο που θα έμενε θα ήταν δυο άψυχα σώματα μέσα στην κρύα σπηλιά.

Ο Ευγένιος ένιωθε τώρα το καρυδότοιχο να του δίνει δύναμη. Ήξερε όμως ότι κάθε καρυδότοιχο ενεργούσε για λίγο μόνο χρόνο και οι Ακαδήμονες ήταν πάρα πολλοί, ενώ αυτός είχε μόνο τρία καρυδότοιχα μείον ένα μικρό κομματάκι. Και ο Τοσοδούλης, δίπλα του, κόντευε να εξαντληθεί εντελώς. Προσπάθησε να ηρεμήσει και να ζητήσει από την Ενέργεια να του δώσει τη δύναμη που χρειαζόταν. Ή, καλύτερα, κάποια χρήσιμη ιδέα. Πώς θα μπορούσε να ξεφύγει από εκεί μέσα;

Να έφευγε τρέχοντας προς τα έξω; Οι Ακαδήμονες γέμιζαν το άνοιγμα της σπηλιάς και ήξερε πως, κάθε φορά που θα τον άγγιζαν, θα του ρουφούσαν πολύ περισσότερη ενέργεια από όση ένιωθε να του ρουφάνε τώρα. Να προσπαθήσει να τρέξει στο εσωτερικό της σπηλιάς; Αυτή όμως ήταν η δική τους σπηλιά. Ήξεραν απέξω κι ανακατωτά κάθε ακρούλα και κάθε βραχάκι της και, φυσικά, θα υπήρχαν και μερικοί που θα τον περίμεναν στο εσωτερικό. Έπρεπε να βρει κάποιο άλλο σχέδιο. Αμέσως.

Γλίστρησε το χέρι του μέσα στην τσάντα για να πάρει το τελευταίο καρυδότοιχο, όταν ξαφνικά κατάλαβε ότι κράταγε στα χέρια του την απάντηση. Βρισκόταν πάνω πάνω στην τσάντα.

Ένα πράγμα στο οποίο ήταν αδύνατον να αντισταθούν οι Ακαδήμονες, ακόμα και σε μια τέτοια περίσταση, ήταν τα παλιά βιβλία. Σαν κι αυτό που είχε ο Ευγένιος. Ο ίδιος δεν το είχε ποτέ του ανοίξει, αλλά του το είχε δώσει η μητέρα του λίγο πριν φύγει. Του είχε πει ότι κανείς δεν ήξερε πόσο παλιό ήταν το Βιβλίο, αλλά πάντως ήταν τόσο παλιό, που μάλλον τώρα πια δεν υπήρχε κανένα πλάσμα στον κόσμο που να καταλαβαίνει την αρχαία γλώσσα, στην οποία ήταν γραμμένο. Η αρχαία γλώσσα ήταν μια παλιά παραλλαγή της γλώσσας που μιλούσε ο Ευγένιος και θεωρούνταν πολύ πιο κομψή από τη μοντέρνα εκδοχή – ίσως ακριβώς γιατί ελάχιστοι την καταλάβαιναν. Εκείνος απλώς έπρεπε να κρατά το Βιβλίο σε ασφαλές μέρος. Δεν ήξερε πότε θα ερχόταν η μέρα που θα το χρειαζόταν.

Ένα τέτοιο λοιπόν βιβλίο θα έπρεπε να κάνει τους Ακαδήμονες να τρελαθούν!

Δεν πρόλαβε ο Ευγένιος να βγάλει το Βιβλίο από την τσάντα και ο ήχος της χορωδίας άλλαξε.

— Εεεε; Οοοοοο; Ωωω! Μμμμμμ! Και μόνο που το μυρίσανε το Βιβλίο οι Ακαδήμονες, τους κέντρισε το ενδιαφέρον. Γρυλίζοντας από χαρά, πλησίασαν ακόμα πιο κοντά και όσο το έβλεπαν τόσο περισσότερο ενθουσιάζονταν. Υπολογίζοντας σωστά το χρόνο, τη στιγμή που ο πρώτος Ακαδήμονας ήταν έτοιμος να κάνει βουτιά και ν' αρπάξει το αρχαίο γραπτό, ο Ευγένιος πέταξε το Βιβλίο στο εσωτερικό της σπηλιάς, με όση δύναμη του είχε απομείνει. Ένα πυκνό σύννεφο σκόνης στροβιλίστηκε γύρω απ' αυτό και το έκανε να φαίνεται ακόμα πιο εντυπωσιακό και ορεκτικό. Οι Ακαδήμονες αποτρελάθηκαν και όρμησαν λαχανιάζοντας και κρώζοντας στο βάθος της σπηλιάς, εκεί όπου βρισκόταν το Βιβλίο, και άρχισαν να τσακώνονται ποιος να το πρωτοπάρει, μέχρι που δεν έμεινε τίποτα, ούτε ίχνος από το Βιβλίο στα διάφανα, διψασμένα για ενέργεια χέρια τους.

Όμως, αυτό έγινε αρκετή ώρα αφού ο Ευγένιος είχε πάρει προσεκτικά στα χέρια του τον εξαντλημένο Τοσοδούλη και χρησιμοποίησε τα τελευταία ίχνη της δύναμής του για να συρθεί έξω μαζί με την τσάντα του, που του φαινόταν πως έμενε συνέχεια στο ίδιο σημείο – τόσο βαριά την ένιωθε. Τα κατάφερε όμως και συνέχισε να σέρνεται, κουτσαίνοντας από κούραση και φόβο, μακριά απ' αυτή την τρομερή σπηλιά. Ποτέ του δεν έμαθε πόσο διάστημα της νύχτας πάλευε προτού τελειώσει και η ενέργεια από το τελευταίο καρυδότοιχό του.

Ο Ευγένιος ξύπνησε απ' όσες ηλιαχτίδες τρύπωναν ανάμεσα στις φυλλωσιές των δέντρων ψάχνοντας για ένα κορμάκι που τουρτούριζε και χρειαζόταν τόσο απελπισμένα λίγη ζεστασιά, που ακόμα και ο ήλιος το 'χε μάθει. Έπειτα κατάλαβε ότι βρισκόταν ξαπλωμένος κάτω από ένα μικρό βράχο με την τσάντα δίπλα του. Και φάνηκε καθαρά ότι η τελευταία του φροντίδα πριν αποκοιμηθεί ήταν να βγάλει τις μάλλινες κάλτσες και να τυλίξει μ' αυτές τον Τοσοδούλη για να νιώθει όσο πιο άνετα γινόταν στην αγκαλιά του. Ο Ευγένιος κοίταξε με συμπόνια το μικρούλικο χεράκι που ξεπρόβαλλε έξω από τις κάλτσες και κρατούσε σφιχτά το μικρό του δάχτυλο, όπως έκανε πάντα ο Τοσοδούλης όταν κοιμόταν.

Την ίδια στιγμή, όμως, ο Ευγένιος κατάλαβε ότι ο Τοσοδούλης δεν κοιμόταν αυτή τη φορά. Είχε πια φύγει για τον Κόσμο του Φωτός.

19

Η απίστευτη και ασυγχώρητη απελπισία που ένιωσε ο Ευγένιος, και η φωνή που αναπάντεχα άλλαξε τα πάντα

Ποτέ πριν ο Ευγένιος δεν είχε νιώσει τόσο οδυνηρή μοναξιά. Ποτέ πριν δεν είχε νιώσει αυτή την αφόρητη απώλεια. Ο καημένος ο Ευγένιος ήταν απαρηγόρητος και δεν έβλεπε πια κανένα λόγο να συνεχίσει το ταξίδι του μέσα στο δάσος.

Πέρασαν πολλές μέρες και δε σκεφτόταν τίποτε άλλο εκτός από τη θλίψη του και το φίλο που έχασε. Περιπλανιόταν εδώ κι εκεί με το κορμάκι του Τοσοδούλη μέσα στην τσάντα, προσεκτικά τυλιγμένο στις κάλτσες, και δεν ήξερε τι άλλο να κάνει. Ούτε καν σκέφτηκε να κοιτάξει το χάρτη να δει πού βρισκόταν. Ένιωθε ότι τίποτα δεν είχε πια νόημα.

Παρ' όλα αυτά, κάποια στιγμή κατάλαβε ότι ανέβαινε σε μια πλαγιά. Το έκανε όμως τόσο ασυναίσθητα, που δεν μπορούσε να πιστέψει στα μάτια του όταν έφτασε στην άκρη ενός φαρδιού βράχου και αντιλήφθηκε ότι είχε ανέβει στα μισά μιας πλαγιάς του βουνού Έβερις.

Μα είχε στ' αλήθεια ανέβει το μισό Έβερις χωρίς να το καταλάβει; Κοίταξε ξανά το χάρτη για να σιγουρευτεί. Ναι, δεν υπήρχε αμφιβολία.

Πάνω στο χάρτη είδε το δρόμο που είχε κάνει: Υπήρχε η σπηλιά των Ακαδημόνων, που σημειωνόταν ως «Σπηλιά των Κινδύνων» –αχ και να την είχε αναγνωρίσει από την αρχή–, και εδώ, στα μισά του Έβερις, έστεκε ο Βράχος της Ελπίδας, ο βράχος όπου στεκόταν αυτή τη στιγμή. Όνομα κι αυτό! Η Ενέργεια μπορεί να ονόμαζε αυτό το βράχο όπως της άρεσε, κατά τη γνώμη του, όμως, θα έπρεπε να λέγεται Βράχος της Απελπισίας. Και η Ενέργεια... Ε ναι λοιπόν, να πήγαινε να χαθεί η Ενέργεια! Τον είχε εγκαταλείψει όταν τη χρειάστηκε περισσότερο. Πώς στο καλό μπόρεσε ποτέ του να εμπιστευτεί αυτή τη χαζο-Ενέργεια; Γιατί, σίγουρα, δεν είχε βοηθήσει καθόλου τον καημένο τον Τοσοδούλη.

Έτσι ένιωθε ο Ευγένιος κατά βάθος· τόσο θλιμμένος και μπερδεμένος, που είχε χαθεί και το τελευταίο φωτάκι ελπίδας μέσα του.

Σ' αυτή τη φοβερή κατάσταση ήταν λοιπόν ο Ευγένιος και, έχοντας πάψει πια να εμπιστεύεται οτιδήποτε καλό στη ζωή, αποφάσισε να βουτήξει από το βράχο για να πάψει να υποφέρει. Ήταν σίγουρος ότι κανείς δεν ενδιαφερόταν πια γι' αυτόν. Και πολύ λιγότερο η Ενέργεια.

Αποχαιρέτησε τον Τοσοδούλη μέσα στις μάλλινες

κάλτσες, τον έβαλε μέσα στην τσάντα και την τακτοποίησε ανάμεσα σε δυο βράχους, για να μην την πάρει ο αέρας. Πήρε το μεγεθυντικό φακό χωρίς γυαλί και τον σβούρισε με δύναμη από την άκρη του βράχου. Τον άκουσε να σπάει σε χίλια κομμάτια πάνω στις κοφτερές, απότομες πλαγιές. Σίγουρα, το ύψος ήταν αρκετό, ό,τι χρειαζόταν.

Δεν υπήρχε τίποτε άλλο να κάνει. Χωρίς να το σκεφτεί περισσότερο, πήγε και στάθηκε στην άκρη του βράχου.

Μα είναι καθαρή τρέλα αυτό! Πρέπει κάτι να κάνουμε για να συνεφέρουμε λίγο το μικρό μας φίλο! ΄Ει! Ευγένιε, τι πας να κάνεις;

Ο Ευγένιος όμως δε φαίνεται ν' ακούει τίποτα.

Από κάτω του απλώνεται απύθμενος γκρεμός και κοφτερές, απότομες πλαγιές κι εκείνος αισθάνεται ζαλάδα και όλα αρχίζουν να γυρίζουν, ο ουρανός, τα βουνά, το δάσος, τα βράχια, οι πλαγιές...

Α, μα πρέπει να του φωνάξουμε πιο δυνατά: Ευγέεεενιε! Μην το κάνεις αυτό, Ευγέεεενιε! Δεν είσαι μόνος! Εμείς είμαστε όλοι κοντά σου! Μας ακούς;

Ο Ευγένιος ταλαντεύτηκε στην άκρη και σήκωσε το ένα πόδι για να πηδήσει...

Αχ, Ευγένιε, πρέπει ν' ακούσεις! Κάποιος σε φωνάζει! Μην το κάνεις! Μην το κάνεις!

Ο Ευγένιος παραπάτησε και έχασε την ισορροπία του, εκείνη όμως ακριβώς τη στιγμή άκουσε κάτι υπέροχα γνώριμο. Μια φωνή που δεν την είχε ακούσει εδώ και χρόνια. Μια φωνή που την ήξερε καλύτερα κι από τη δική του. Ήταν το Παιδί! Και τον φώναζε!

Αντί να ριχτεί κάτω από τον απότομο βράχο, ο Ευγένιος έπεσε προς τα πίσω, πάνω στο μαλακό έδαφος. Κάθισε εκεί ξαπλωμένος για πολλή ώρα, εντελώς εξαντλημένος, και έκλαιγε. Μόνο που αυτή τη φορά δεν ήταν από λύπη αλλά από χαρά και ευτυχία.

Είχε ακούσει το Παιδί.

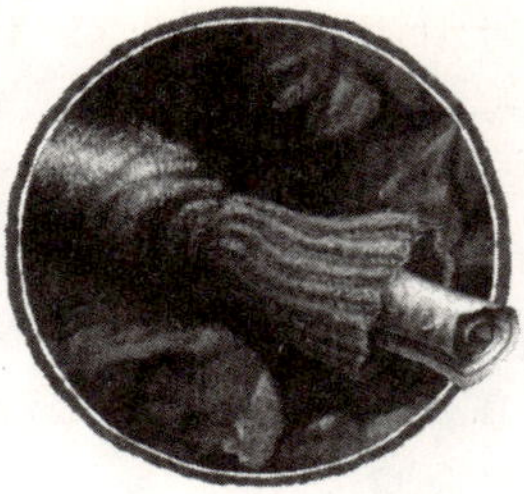

20

Στο κεφάλαιο αυτό ρίχνουμε μια ματιά στο παρελθόν και αποχαιρετούμε τον καλό μας φίλο

Λίγες μέρες αργότερα, δροσερό, φρέσκο αεράκι παιχνίδιζε στην κορφή του Έβερις. Από εκεί ψηλά μπορούσες να δεις όλο το χαρτογραφημένο κόσμο, και μάλιστα και λίγο παραπέρα. Όμως, αυτό το παραπέρα δεν ενδιαφέρει τούτη εδώ την ιστορία.

Ο φίλος μας ο Ευγένιος στεκόταν εκεί πάνω στην ψηλότερη κορφή του κόσμου και θαύμαζε το υπέροχο τοπίο. Κοίταξε πρώτα πίσω, στην πατρίδα, το Λόφο, απ' όπου ξεκίνησε για το θαυμαστό του ταξίδι, και μετά άφησε το βλέμμα του να πλανηθεί: είδε το δάσος, όπου ο Λάκκος καταβρόχθιζε τα πάντα στο διάβα του – κρίμα που δε συνάντησε το Βούρκο ποτέ· ο Τοσοδούλης πάντα ήθελε να του μιλήσει γι' αυτόν, αλλά ποτέ δε βρήκε το χρόνο· ποιος ξέρει όμως αν δε θα τον συναντήσει αργότερα, η Ενέργεια δουλεύει με μυστηριώδη τρόπο... Είδε και το Σοβαρό Πλαφ, που κόντευε να σκάσει απ' τη γνώση. Εκεί υψωνόταν και το Γέρικο Βουνό με τους μαγεμένους θάμνους του, που περίμεναν καινούρια θύματα. Ο Ευγένιος θυμήθηκε τη μοιραία πτήση του, τη Μαλλιαδούπολη και την τρομερή μάχη με τους Δαγκωνύχηδες.

Αλλά περισσότερο απ' όλους και όλα η Μέρλα γέμιζε τη σκέψη του. Το ένιωθε: κι εκείνη τον σκεφτόταν αυτή τη στιγμή. Ένας γλυκόπικρος πόνος διαπέρασε το στήθος του όπως το νερό των ρυακιών, που λιώνουν την άνοιξη και το νερό τους κάπου σκαλώνει· έτσι μαζεύτηκε κι ο πόνος στο λαιμό του, κόμπος να τον πνίξει.

Έπειτα το βλέμμα του πήγε μακρύτερα, έτσι εμφανίστηκε ο Τοσοδούλης σκαρφαλωμένος στον ώμο του ύστερα από μακρύ αποχωρισμό, με το χάρτη του κόσμου στο χέρι του, και για λίγη ώρα σταμάτησε να σκέφτεται οτιδήποτε άλλο. Είδε ακόμα και το περίγραμμα της σπηλιάς των Ακαδημόνων και ακριβώς από πάνω ξεχώρισε την άκρη του μικρού βράχου όπου είχε ξυπνήσει εκείνη τη φοβερή νύχτα.

Και μέσα απ' αυτές τις τρομερές αναμνήσεις ξεπήδησε ο Βράχος της Ελπίδας, θυμίζοντάς του την απέραντη απελπισία που ένιωθε πριν από λίγες μέρες. Θύμισε όμως στον Ευγένιο και το Παιδί, που τον φώναξε τη στιγμή που το είχε πραγματικά ανάγκη. Μια αίσθηση ζεστασιάς έντυσε το κορμί του καθώς σκέφτηκε τη φωνή που του έσωσε τη ζωή.

Ο Ευγένιος ήξερε τώρα ότι είχε έρθει ο καιρός να γυρίσει στην πατρίδα του. Βαθιά μέσα του ήξερε, επίσης, ότι δεν υπήρχε τίποτε άλλο να κάνει. Βαθιά στην καρδιά του ήταν πεισμένος για κάτι που κανείς δεν καταλαβαίνει αλλά, τελικά, έχει μεγάλη σημασία: όλα γίνονται για κάποιο σκοπό.

Υπήρχε μόνο ένα πράγμα που έπρεπε να κάνει πριν αρχίσει να κατεβαίνει από το βουνό. Έπρεπε να κρατήσει μια υπόσχεση που είχε δώσει κάποτε στο φίλο του και την είχε σχεδόν ξεχάσει.

Άνοιξε την τσάντα του, έβγαλε έξω τον Τοσοδούλη και τον ξάπλωσε, τυλιγμένο στις κάλτσες, δίπλα στην ψηλότερη πέτρα στην κορφή του Έβερις. Στήριξε την πέτρα καλά γύρω γύρω και σιγουρεύτηκε ότι ο Τοσοδούλης έβλεπε καλά όλο τον κόσμο. Αλλά, για να μην υπάρξουν αμφιβολίες για τις τοποθεσίες που διακρίνονταν ολόγυρα, γλίστρησε τυλιγμένο το χάρτη του κόσμου μέσα στις κάλτσες. Έπειτα χάιδεψε το κεφαλάκι του φίλου του για τελευταία φορά και έδωσε ένα αποχαιρετιστήριο φιλί στα δαχτυλάκια που είχαν τόσο συχνά και τόσο σφιχτά κρατήσει τα δικά του.

Αφού τελείωσε και μ’ αυτό, ο Ευγένιος πήρε την τσάντα του και άρχισε με ανάλαφρο βήμα να κατεβαίνει την πλαγιά του βουνού.

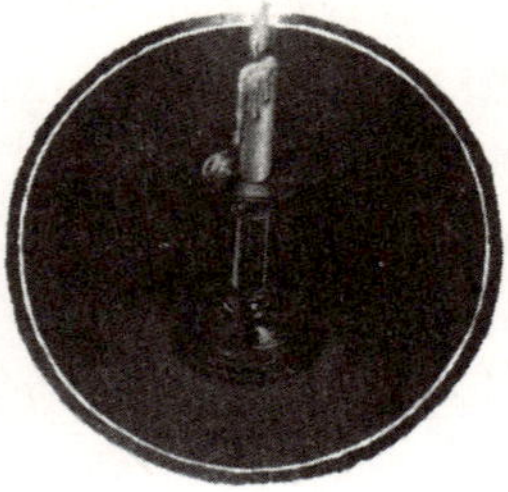

21

Ήρθε η ώρα για το τελευταίο κεφάλαιο,
που λέει μόνο του το τέλος της ιστορίας

Κάποιος καθόταν πάνω στο ύψωμα. Ο Ευγένιος έβλεπε ολοκάθαρα μια φιγούρα καθώς πλησίαζε το Λόφο, έχοντας περπατήσει μέρες και μέρες καθώς επέστρεφε από το Έβερις. Δεν την αναγνώριζε τη φιγούρα αυτή. Κι όμως, ο Ευγένιος δε φοβόταν ούτε υποψιαζόταν κάτι. Και ήταν ολοφάνερο ότι εκείνο εκεί το πλάσμα δεν είχε κακούς σκοπούς: ήταν καμπουριασμένο και κουρασμένο και τόσο εύθραυστο από τα πολλά χρόνια που το βάραιναν, ώστε ο Ευγένιος ένιωσε συμπόνια.

Όταν πλησίασε, του μίλησε με προσοχή, για να μην το τρομάξει:

— Γεια χαρούλα, ξένε. Με λένε Ευγένιο, είπε και ήρθε λίγο πιο κοντά.

— Πώς; είπε εκείνο το γέρικο, σχεδόν αρχαίο κορμί και σήκωσε το κεφάλι του σαν να ήθελε να δει ποιος μιλούσε. Τότε ο Ευγένιος είδε ότι το πλάσμα ήταν τυφλό.

— Μη φοβάσαι. Είμαι μονάχα εγώ, ο Ευγένιος. Έπιασε το απλωμένο τρεμάμενο χέρι και κοίταξε βαθιά μέσα σ' αυτά τα μάτια που δεν μπορούσαν να τον δουν. Και τα αναγνώρισε.

Το γέρικο πλάσμα έσφιξε το χέρι του πολλές φορές και του χάιδεψε το κεφάλι, σαν να μην πίστευε ότι ήταν αυτός.

— Μπόμπο;

Τα χοντρά γυαλιά του Ευγένιου θόλωσαν.

— Ναι, αποκρίθηκε ο Ευγένιος.

— Μπόμπο, είπε ξανά το γέρικο πλάσμα και άπλωσε και τα δυο του χέρια προς τον Ευγένιο.

— Μπορείς να με φωνάζεις Μπόμπο, είπε ο Ευγένιος και αγκάλιασε μ' όλη του τη δύναμη το Παιδί. Είχε επιστρέψει κοντά του.

Από τη βελανιδιά ακούστηκε ένας κούφιος γδούπος. Ήταν ο Σοφός, που έπεφτε από το κλαδί του.

Ο Ευγένιος τακτοποίησε το Παιδί στο κρεβάτι όπου είχαν ξαπλώσει και οι γονείς του τις τελευταίες τους ώρες, πριν πάνε στον Κόσμο του Φωτός.

Άνοιξε το παλιό μπαούλο και έβγαλε μερικά κεριά που έδιναν απαλότερο φως από τα άλλα, γιατί ήταν φτιαγμένα από κερί ονειρομέλισσας. Ο Ευγένιος δεν ήξερε, μάλιστα, ότι οι ονειρομέλισσες μάζευαν αυτό το ειδικό κερί κάθε φορά που τα παιδιά ονειρεύονταν όμορφα λουλούδια· πετούσαν μέσα στο όνειρο και εργάζονταν μέχρι να ξυπνήσει το παιδί. Τα έβαλε σε κύκλο γύρω από το κρεβάτι και τα άφησε να καίνε όλη νύχτα.

Δεν ήθελε να κουράσει το Παιδί, τον παλιό του φίλο, με άσκοπες ερωτήσεις. Ήταν τόσο αδύναμο πια. Υπήρχε όμως κάτι που ήθελε οπωσδήποτε να μάθει. Κάθισε δίπλα του κρατώντας του το χέρι.

— Πού πήγες τότε;

— Πουθενά. Ποτέ... ποτέ δεν έφυγα από εδώ. Απλώς, κάποια μέρα δεν είχα πια την ικανότητα να σε βλέπω, είπε το Παιδί.

— Γιατί;

— Νομίζω ότι... το λένε «μεγαλώνω».

Ο Ευγένιος δεν μπορούσε να καταλάβει τι εννοούσε.

— Όμως, η Μέρλα... σε είδε. Καθόσουνα κάτω από το μνημείο στη Μαλλιαδούπολη κάποια στιγμή και... και ρώτησες για μένα. Δεν το θυμάσαι;

— Πώς... πώς ήταν αυτό το μνημείο;

— Σαν... γίγαντας, εξήγησε ο Ευγένιος. Ναι, σαν το γίγαντα που είχα δει μια φορά σ' ένα από τα βιβλία του Σοφού, και στο προφίλ έμοιαζε σε μένα.

— Το υποψιάστηκα. Έτσι λοιπόν έγιναν όλα... Τώρα φαινόταν ότι το Παιδί δυσκολευόταν να αναπνεύσει. Σαν να δυσκολευόταν και να μιλήσει. Όμως, συνέχισε: Τότε που... που χάθηκα σ' εκείνον τον άλλο κόσμο, στον... «κόσμο των μεγάλων», βρέθηκα κάποια στιγμή σ' ένα μέρος που μου ήταν πιο αγαπητό από οποιοδήποτε άλλο, αν και δεν ήξερα το γιατί: στο πάρκο που βρισκόταν κοντά στο σπίτι όπου ζούσα. (*Πάρκο*; Ο Ευγένιος δεν την ήξερε αυτή τη λέξη.) Συνήθιζα να πηγαίνω και να κάθομαι εκεί όταν είχα ελεύθερο χρόνο, πράγμα μάλλον σπάνιο, βέβαια. Αλλά μια φορά συνέβη εκεί πέρα κάτι που δεν το ξέχασα ποτέ. Καθόμουνα δίπλα στο μεγάλο άγαλμα του πάρκου, το άγαλμα του παλιού μας πρωθυπουργού, ναι... φαντάσου κάτι σαν γίγαντα, και γύρω μου υπήρχαν πολλά μικρά παιδάκια κι έπαιζαν. Επειδή κανείς δεν κοίταζε προς το μέρος μου και επειδή είχα μπόλικο χρόνο στη διάθεσή μου, άρχισα να προσέχω τι λέγανε και να προσπαθώ να δω ό,τι βλέπανε κι εκείνα. «Πώς σε λένε;» είπε ένα απ' αυτά. «Χνουδωτό», απάντησε ένα άλλο. «Κι εσένα;» «Πρεσβύτερο», ακούστηκε η απάντηση. Και έπειτα άρχισαν όλα να μιλάνε ακαταλαβίστικα, λέγανε κάτι για «ξάφνου ξαφνικά» και για «βίδα που 'στριψε» και «όλος κέφι και χαρά». «Κι εμένα... με λένε Μέρλα», είπε ένα πολύ όμορφο κοριτσάκι και με κοίταξε γεμάτο έκπληξη που βρισκόμουνα εκεί πέρα. Και τότε εγώ είπα... και δεν κατάλαβα γιατί το είπα... αλλά μου ξέφυγε χωρίς καν να το σκεφτώ: «Μέρλα», είπα, «μήπως ξέρεις τον Μπόμπο;».

— Κι εκείνη τι είπε; Ο Ευγένιος ένιωθε πολύ περίεργα που τα άκουγε όλα αυτά, όμως ήθελε να μάθει το καθετί.

— Δεν πρόλαβε να μου απαντήσει, γιατί κάτι έγινε που τάραξε τα πάντα. Και έπειτα δε μου ξανασυνέβη ποτέ πια.

— Κι όμως, με έσωσες.

— Εγώ; Πότε;

— Τότε που ήμουν έτοιμος να πέσω από το Βράχο της Ελπίδας. Ψηλά, στο βουνό Έβερις. Αφού ο Τοσοδούλης είχε πάει στον Κόσμο του Φωτός. Τότε ακριβώς με φώναξες και αποφάσισα να μην πέσω.

— Κάποιο άλλο παιδί θα ήταν, όχι εγώ.

— Μα δεν ξέρω κανένα άλλο παιδί, είπε ο Ευγένιος, έκπληκτος με τη μετριοφροσύνη του φίλου του. Γιατί δεν παραδεχόταν το Παιδί ότι τον είχε σώσει από εκείνο το μοιραίο πήδημα;

— Μπορεί να υπάρχουν κι άλλα παιδιά που σε ξέρουν, εκτός από μένα, Ευγένιε. Υποθέτω ότι κάποιο απ' όλα αυτά ήξερε ότι κινδυνεύεις και κάπως κατάφερε να φτάσει η φωνή του σε σένα.

— Δεν μπορώ να το καταλάβω αυτό, αναστέναξε ο Ευγένιος. Αλλά υπάρχουν τόσα πράγματα που δεν πρέπει να προσπαθούμε να τα καταλάβουμε...

Τώρα το Παιδί είχε πια κουραστεί πολύ και ήθελε να αφεθεί να πάει στον Κόσμο του Φωτός. Όμως, ο Ευγένιος ήθελε να μάθει ακόμα κάτι:

— Πότε ήρθες εδώ τούτη τη φορά;

— Απλώς τα παράτησα, είπε το Παιδί σφίγγοντας πιο πολύ το χέρι του φίλου του. Πάντα ένιωθα κάτι να μου ξεφεύγει, αλλά δεν ήξερα τι ήταν αυτό. Κάτι που είχα χάσει και δεν ήξερα το όνομά του. Εκτός από εκείνη τη φορά, δίπλα στο άγαλμα. Και, μόνο όταν έχασα τα πάντα, μέχρι και την όρασή μου, ήρθα και κάθισα στο αγαπημένο μου παγκάκι στο πάρκο και αποφάσισα να σταματήσω να το παίζω μεγάλος. Και να τι έγινε τότε.

— Με βρήκες ξανά.

— Σε βρήκα, επιτέλους, ξανά.

Ακολούθησε μεγάλη σιωπή.

— Ποτέ δεν είναι αργά για να τα παρατήσεις, είπε τότε ο Ευγένιος και χάιδεψε το μάγουλο του Παιδιού. Το ξέρω κι εγώ αυτό. Έπειτα παίρνει το πάνω χέρι η Ενέργεια.

— Έπειτα παίρνει το πάνω χέρι η Ενέργεια, σωστά, συμφώνησε το Παιδί και έσφιξε για τελευταία φορά το χέρι του Ευγένιου.

Όμως, ο Ευγένιος είχε αποκοιμηθεί. Ακουμπούσε το κεφάλι του πάνω στο στήθος του Παιδιού και ονειρευόταν ότι έβγαινε από την Πηγή αφού είχε βουτήξει βαθύτερα απ' όσο είχε τολμήσει ποτέ. Δεν τα καταλάβαινε όλα όσα του είχαν συμβεί και δεν ήξερε τι είχε ονειρευτεί και τι ήταν αληθινό. Αλλά δεν τον ένοιαζε πια. Ο Ευγένιος είχε μάθει πως τα μικρά πλάσματα δεν πρέπει να τα καταλαβαίνουν όλα.

Είχε ανακαλύψει ότι, αν εμπιστευτείς την Ενέργεια και αν ακούσεις προσεκτικά την απαλή φωνή που μιλάει στην καρδιά σου, στο τέλος όλα θα πάνε καλά.

Διαβάστε
επίσης...

Σειρά Λωτός από 9 ετών

ΧΕΪΖΕΛ ΤΑΟΥΝΣΟΝ
Ο ΜΠΑΜΠΑΣ ΣΟΥ ΚΙ Η ΜΑΜΑ ΜΟΥ
Μετάφραση: Χαρά Δημπρούλη

Όλα τα παιδιά του κόσμου έχουν μια μαμά κι έναν μπαμπά. Όμως ο Άλεξ έχει μόνο μαμά και η Πρου έχει μόνο μπαμπά. Περίεργο, ε;

Η μαμά της Πρου έχει πεθάνει κι ο πατέρας της βρίσκει τη ζωή δύσκολη χωρίς μια γυναίκα στο πλευρό του. Ο μπαμπάς του Άλεξ, πάλι, έφυγε στα καλά καθούμενα, δυο χρόνια πριν, κι από τότε μην τον είδατε μην τον απαντήσατε. Ήθελε, λέει, να γνωρίσει τον κόσμο και να γίνει μεγάλος και τρανός!

Ο μπαμπάς της Πρου και η μαμά του Άλεξ αποφασίζουν ότι είναι πια καιρός να ξαναφτιάξουν τη ζωή τους. Έλα όμως που τα παιδιά τους διαφωνούν ριζικά! Αυτό μας έλειπε τώρα!

Διαβάστε αυτή τη σπαρταριστή ιστορία πάνω σε ένα θέμα που απασχολεί χιλιάδες γονείς και παιδιά στις μέρες μας.

ΑΝΤΩΝΗΣ ΔΕΛΩΝΗΣ
ΕΓΩ, Ο ΠΕΙΡΑΤΗΣ ΑΝΤΖΕΛΟ ΝΤΕΛ ΜΑΡΕ

Ποιος έκρυψε το θησαυρό που ψάχνουν να βρουν τα παιδιά με τόση αγωνία;

Ποιος να 'ναι, άραγε, ο μεγάλος και τρανός πειρατής Άντζελο ντελ Μάρε;

Τι είναι εκείνο που φανερώνει η θάλασσα μέσ' απ' τη δροσερή αγκαλιά της;

Διαβάστε την όμορφη και διασκεδαστική περιπέτεια που έγραψε για σας ένας αγαπημένος φίλος των παιδιών.

ΤΖΑΚΛΙΝ ΟΥΙΛΣΟΝ
ΤΣΑΡΛΙ ΚΑΙ ΛΟΤΙ
Μετάφραση: Ρένια Τουρκολιά-Κυδωνιέως

Γεια σας. Είμαι η Τσάρλι, ετών έντεκα. Και μην τολμήσετε να με φωνάξετε Σάρλοτ. Σας το απαγορεύω! Στα δικά μας τώρα.

Μέσα από το βιβλίο μου της ιστορίας γνώρισα τη Λότι, που έζησε κάπου εκατό χρόνια πριν από μένα. Στα έντεκα σταμάτησε το σχολείο και έπιασε δουλειά σ' ένα πλουσιόσπιτο. Ξέρετε, τώρα. Αριστοκρατία, όλο φρου φρου και ύφος ακατάδεχτο. Ζωή αφάνταστα σκληρή, όλο δουλειά, δουλειά και τίποτε άλλο.

Και βάζω στοίχημα πως θα 'ξερε πολύ καλά τι να κάνει με κείνον τον αχαΐρευτο φίλο της μάνας μου και τον αχώνευτο γιο του. Σίγουρα θα τα κατάφερνε καλύτερα από μένα που έχω κάνει τη ζωή μας άνω-κάτω.

Μια ιστορία απ' αυτές που συναντούμε καθημερινά γύρω μας!

ΤΖΑΚΛΙΝ ΟΥΙΛΣΟΝ
ΕΓΩ ΕΙΜΑΙ ΕΣΥ
Μετάφραση: Βερίνα Χωρεάνθη

Ποια είμαι εγώ; Ποια είσαι εσύ;
Ποια είναι η καθεμιά μας;

Η Ρούμπι και η Γκάρνετ είναι δίδυμες. Είναι ολόιδιες, βρίσκονται συνέχεια μαζί και κάνουν τα πάντα παρέα, ιδίως από τότε που έχασαν τη μητέρα τους, τρία χρόνια πριν.

Τώρα όμως τα πράγματα έχουν αρχίσει ν' αλλάζουν. Ο μπαμπάς τους δεν είναι πια ο ίδιος και τριγυρίζει συνέχεια μ' εκείνη την τρελοπαντιέρα, τη Ρόουζ! Ο κόσμος γύρω τους ήρθε τ' απάνω κάτω. Ώρα να κάνουν κάτι διαφορετικό για όλα αυτά. Μέχρι πότε θα μπορούνε να 'χουνε το πάνω χέρι με όπλο την εκπληκτική τους ομοιότητα;

Μια ιστορία γεμάτη κέφι και ζωντάνια, που θα γοητεύσει τους πάντες!

ΤΖΑΚΛΙΝ ΟΥΙΛΣΟΝ
ΚΑΚΑ ΚΟΡΙΤΣΙΑ
Μετάφραση: Βερίνα Χωρεάνθη

Η Μάντι πάντα ένιωθε την καρδιά της να σφίγγεται στο σχολείο. Πάντα βρισκόταν κάποιος να την πληγώσει, να την κοροϊδέψει. Και η παρέα της Κιμ πρώτη και καλύτερη. Όμως, ας προσέξουν καλά! Η Μάντι έχει τώρα μια φίλη. Κι είναι τόσο ευτυχισμένη που η όμορφη και τολμηρή Τάνια με τα πορτοκαλί μαλλιά τη διάλεξε για την καλύτερή της φιλενάδα!

Η μαμά, βέβαια, δεν είναι καθόλου ευχαριστημένη μ' αυτή τη φιλία. Λέει πως η Τάνια είναι κακό κορίτσι και πως η παρέα μαζί της δεν της κάνει καλό.

Όμως η Μάντι πιστεύει πως μόνο η Τάνια μπορεί να τη βγάλει από τη δύσκολη θέση! Ή μήπως τα πράγματα δεν είναι τόσο απλά όσο φαίνονται;

Μια ιστορία που μπορεί να συμβεί στον καθένα, γιατί όχι και σ' εσάς!

ΘΑ 'ΘΕΛΑ ΤΟΣΑ ΝΑ ΣΟΥ ΠΩ, ΜΑΜΑ...
ΘΑ 'ΘΕΛΑ ΤΟΣΑ ΝΑ ΣΟΥ ΠΩ, ΜΠΑΜΠΑ...
Συγγραφείς από τον Κύκλο του Ελληνικού Παιδικού Βιβλίου

Ένα ανθολόγιο με δύο όψεις, με ιστορίες τρυφερές, άλλοτε χαρούμενες κι άλλοτε συγκινητικές, πάντα όμως βγαλμένες από τη ζωή, για μαμάδες, μπαμπάδες και παιδιά, γραμμένο από μερικούς από τους γνωστότερους Έλληνες συγγραφείς της παιδικής λογοτεχνίας.

ΤΕΡΕΝΣ ΜΠΛΑΚΕΡ
Η ΔΑΣΚΑΛΑ ΜΑΣ Η ΜΑΓΙΑ ΟΛΟ ΚΑΙ ΜΑΣ ΚΑΝΕΙ ΜΑΓΙΑ!
Μετάφραση: Ντίνα Καρύδη

Ζωηρή, άτακτη, δυναμική και ατίθαση. Δεν υπάρχει άλλη σαν την Τρίτη τάξη στο σχολείο του Αγίου Βαρνάβα. Όπου σκανταλιά και φασαρία, τα παιδιά της πρώτα και καλύτερα.

Ώσπου κάποια μέρα αποκτούν καινούρια δασκάλα και τα πράγματα αλλάζουν. Τη λένε Μάγια, έχει παρέα της ένα μαγικό ποντικούλη και μια καθόλου ευγενική κουκουβάγια. Είναι γοητευτική και μυστηριώδης, και φαίνεται πως έχει μια δύναμη κρυφή.

Η ζωή στο σχολείο ξαφνικά αποκτά ενδιαφέρον. Κι όταν πια τα πράγματα φτάνουν στο απροχώρητο, ε, τότε η Τρίτη τάξη το παίρνει απόφαση: η ζωή στο σχολείο του Αγίου Βαρνάβα είναι ωραία και διασκεδαστική, χάρη στην υπέροχη δασκάλα τους, τη Μάγια.

Διαβάστε και τα άλλα ξεκαρδιστικά βιβλία με την υπέροχη Μάγια Μαγιοπούλα, που κυκλοφορούν στις Εκδόσεις ΨΥΧΟΓΙΟΣ, και πιστέψτε μας: Η ζωή είναι ωραία με τη Μάγια μας παρέα!

ΤΕΡΕΝΣ ΜΠΛΑΚΕΡ
ΜΕ ΤΗ ΜΑΓΙΑ ΤΗ ΓΙΑΤΡΟ ΦΕΥΓΕΙ
Ο ΠΟΝΟΣ ΣΤΟ ΛΕΠΤΟ!
Μετάφραση: Ντίνα Καρύδη

Ποπό, ταλαιπωρία! Απ' τη μια στιγμή στην άλλη, ο Τζακ βρέθηκε στο νοσοκομείο! Πρέπει να κάνει εγχείρηση σκωληκοειδίτιδας. Ξαπλωμένος στο κρεβάτι του, βαριέται κι αναστενάζει. Όμως, ποια είναι εκείνη η όμορφη γιατρίνα; Γνωστή τού φαίνεται. Κάτι του θυμίζει, αλλά τι;

ΜΑ ΒΕΒΑΙΑ! Είναι η Μάγια η Μαγιοπούλα. Έχει υποσχεθεί σε όλα τα παιδιά της Τρίτης τάξης ότι σε κάθε δύσκολη στιγμή θα βρίσκεται κοντά τους και η Μάγια κρατάει τις υποσχέσεις της. Χαράς ευαγγέλια για τον Τζακ και για όλα τα παιδιά που βρίσκονται στο θάλαμο.

Το τι γίνεται δεν περιγράφεται! Πανζουρλισμός, σκέτη απόλαυση. Σίγουρα όλοι οι φίλοι του Τζακ θα 'διναν και την ψυχή τους για να βρίσκονται στη θέση του!

ΤΕΡΕΝΣ ΜΠΛΑΚΕΡ
ΜΕ ΤΗ ΜΑΓΙΑ ΣΤΟ ΠΛΕΥΡΟ ΜΟΥ
ΔΕ ΦΟΒΑΜΑΙ ΤΟΝ ΕΧΘΡΟ ΜΟΥ!
Μετάφραση: Ντίνα Καρύδη

Η Λίζα Τόμσον είναι απαρηγόρητη. Ο Αλιτάκος, ο αγαπημένος της γάτος, έχει χαθεί. Πού να είναι, άραγε; Μήπως δε ζει πια; Μήπως κάτι άλλο έχει συμβεί;

Η Λίζα παίρνει τη μεγάλη απόφαση. Πρέπει μόνη της να λύσει το μυστήριο. Κανείς δεν μπορεί να τη βοηθήσει. Κανείς; Όχι βέβαια!

Η Μάγια η Μαγιοπούλα βρίσκεται ξανά κοντά μας!